AF107507

www.ingramcontent.com/pod-product-compliance
Lightning Source LLC
LaVergne TN
LVHW010323070526
838199LV00065B/5647
9789358722093

بیاضِ شام

(مجموعہ کلام)

شاذ تمکنت

© Shaz Tamkanat

Bayaz-e-Shaam *(Poetry)*

by: Shaz Tamkanat

Edition: November '2024

Publisher :

Taemeer Publications LLC (Michigan, USA / Hyderabad, India)

ISBN 978-93-5872-209-3

مصنف یا ناشر کی پیشگی اجازت کے بغیر اس کتاب کا کوئی بھی حصہ کسی بھی شکل میں بشمول ویب سائٹ پر اَپ لوڈنگ کے لیے استعمال نہ کیا جائے۔ نیز اس کتاب پر کسی بھی قسم کے تنازع کو نمٹانے کا اختیار صرف حیدرآباد (تلنگانہ) کی عدلیہ کو ہو گا۔

© شاذ تمکنت

کتاب	:	**بیاضِ شام** (مجموعہ کلام)
مصنف	:	**شاذ تمکنت**
صنف	:	شاعری
ناشر	:	تعمیر پبلی کیشنز (حیدرآباد، انڈیا)
سالِ اشاعت	:	۲۰۲۴ء
صفحات	:	۱۹۲
سرورق ڈیزائن	:	تعمیر ویب ڈیزائن

ترتیب

مناجات ۹

شجرِ ممنوعہ ۱۱

بازدید ۱۲

سفرنامہ ۱۳

آتش کدہ ۱۴

سائنس ۱۹

سرو ساماں ۲۰

فسونِ نیاز ۲۱

گونج ۲۲

مَیں اور تو ۲۳

فطرت ۲۶

جذب و گریز ۲۷

اب کے برس ۲۹

مہر و مہتاب کی نخستِ اوّلیں ۳۱

ایک سال بیت گیا ۳۶

سربستہ ۳۷

جھوٹ سچ ۳۹

حرفِ مکرّر ۴۰

حصارِ سنگ ۴۱

ثالث ۴۲

بانس کا جنگل ۴۳

پُرسش ۴۴

شاذ تمکنت

شکستِ اَنا ۴۶	
تمہارا واسطہ کیا ہے ۴۷	
بارِ وفا ۴۸	
ہمزاد ۵۰	
ہم اپنا حسابِ غم مچکالیں ۸۷	خواب زار ۵۲
لوگ ۹۰	اَن کہی ۵۶
وعدہ ۹۱	طیورِ آوارہ ۵۷
اور پھر یوں ہوا ۹۲	مفاہمت ۶۸
سفر ۹۶	تماشہ ۶۹
برف باری ۹۷	سایہ ۷۱
ریزہ ریزہ ۹۸	سوانحِ عمری ۷۳
پتھر اُڑتی چومکھ پر کھائیں ۱۰۱	مخدوم کی یاد میں ۷۷
خدا کرے ۱۰۶	چاند پھر نکلے گا ۸۴
بارِ دگر ۱۰۷	ظلمت سے پرے ۸۵
نسیاں کی عمارتِ شکستہ ۱۱۱	
ملفّات ۱۱۳	

◁

غــــــزل

آبلہ پائی سے ویرانہ مہک جاتا ہے ۱۱۹

ہر قافلہ سے رابطۂ مختصر رہا ۱۲۰

زندگی ہم نے گذاری تو کہاں گذری ہے ۱۲۱

ملیں مختاریاں، اے کاش ہم مجبور ہو جاتے ۱۲۲

احساں ترا مجھ پہ دلِ ناکام بہت ہے ۱۲۳

میں کہ آماجگہِ حُسن رہا تھا کچھ دن ۱۲۴

خود کو ناکردہ گناہوں کی سزا دیں کیوں کر ۱۲۶

نفس نفس ہے ترے غم سے چُور چُور اب تک ۱۲۸

ہم شائد کچھ ڈھونڈ رہے تھے، یاد آیا تو روتے ہیں ۱۳۰

کوئی اُمید کی صورت، کوئی وعدہ، کوئی آس ۱۳۱

جفا آسودہ و فرقت شناسا کر دیا تُو نے ۱۳۲

وہ کون دیر نشیں تھا حرم کے گوشے میں ۱۳۴

پھر فریبِ آرزو کا حوصلہ پاتے ہیں ہم ۱۳۶

نیاز و ناز کی راحت رسانی یاد آتی ہے ۱۳۸

کون دیتا رہا صحرا میں صدا میری طرح ۱۴۰

دلِ شکستہ ہوئے ٹوٹا ہوا پیماں بنے ۱۴۲

اِک جنسِ وفا پر ہیں سبکسار سے اب تک ۱۴۳

نگہِ تصورِ عشق اب تری حسرتیں بھی نہیں رہیں ۱۴۴

بڑے خلوص سے دامن پسارتا ہے کوئی ۱۴۵

وفا کی رسم اُٹھا دیتے، عمارت دل کی ڈھا دیتے ۱۴۶

مرے نصیب نے جب مجھ سے انتقام لیا ۱۴۷

بنا حُسنِ تکلم، حُسنِ ظن آہستہ آہستہ ۱۴۸

تری نظر سببِ تشنگی نہ بن جائے ۱۵۰

نہ محفل ایسی ہوتی ہے نہ خلوت ایسی ہوتی ہے ۱۵۲

کیا کروں رنج گوارا نہ خوشی راس مجھے ۱۵۴

کیا قیامت ہے کہ اِک شخص کا ہو بھی نہ سکوں ۱۵۶

زندگی کو اِک زمانے کا دگر سمجھا تھا میں ۱۵۷
پھر وہی نکہتِ بادِ سحری کیسی ہے ۱۵۹
نہ رونا تھا نہ ہنسنا پھر بھی نم دیدہ رہے برسوں ۱۶۰
وہ وقت ہے مجھ پر جو کسی پر نہیں آیا ۱۶۱
کسی کا درد امانت ہے میرے سینے میں ۱۶۲
عمر بھر حسرتِ تعمیرِ نشیمن یوں رہوں ۱۶۳
تُو نے مجھے غمِ بخشا کیا فکرِ طربِ کوشی ۱۶۴
دل برباد کی رُوداد سنانے نہ بنے ۱۶۶
دیکھو تو اُدھر جاتے ہیں معلوم نہیں کیوں ۱۶۷
چھوڑ دوں شہر ترا، چھوڑ دوں دنیا تیری ۱۶۸
یہی سفر کی تمنّا، یہی تھکن کی پکار ۱۷۰
شب و روز جیسے ٹھہر گئے کوئی ناز ہے نہ نیاز ہے ۱۷۲
کھلے تو کیسے کھلے زادِ راہ بے وطنی ۱۷۳
ہوا کے دوش پہ رقصِ سحاب جیسا تھا ۱۷۴
ستاروں کو شب غم آبدیدہ چھوڑ آئے ہیں ۱۷۶
کوئی تنہائی کا احساس دلاتا ہے مجھے ۱۷۸
تیرے ہمراہ یقیں کیا ہے کہ تم بھی گیا ۱۷۹
خواب تیشہ کسی اعجاز میں کس طرح ڈھلے ۱۸۰
پیاسا ہوں ریگ زار میں دریا دکھائی دے ۱۸۲
نبھانے لوگ بہت دل پذیر کہتے ہیں ۱۸۴
یہ غزل کا فن یہ نُچر دری، یہ خیال و خواب کی بُت گری ۱۸۶
سینے پہ ہم نے رکھ لیا پتھر کسی طرح ۱۸۷
دور تک ایک دھند لکے کا سماں چھایا ہے ۱۸۸
تُو کیا لگے ہے مجھے، کیوں بھلا لگے ہے مجھے ۱۹۰
دھوپ بھی چاندنی ہے سایہ اشجار سے دیکھ ۱۹۲

○○○

والدۂ مرحومہ کے نام

جوانی لڑکپن کا صدمہ اُٹھائے
مری راہ میں خارِ غم بو چکی ہے
دُعاؤں کے ہالے میں محفوظ تھا میں
مری رات وہ چاندنی کھو چکی ہے
بھلا شورِ دُنیا میں کس طرح ڈھونڈوں
وہ لوری خلاؤں میں جو سو چکی ہے
مجھے خاک سے نسبتِ سَر ہے اب تک
مری آنکھ مٹی پہ خوں رو چکی ہے
ترے زیرِ پا میری جنّت تھی پنہاں
کئی سال گزرے جو گُم ہو چکی ہے

شاذ تمکنت

○
دستِ فرہاد دَھرا ہے ابھی پتّھر کے تَلے

مناجات

اِک حرفِ تمنّا ہُوں بڑی دیر سے چُپ ہُوں
کب تک مِرے مولا
اے دِل کے مکیں دیکھ یہ دل ٹُوٹ نہ جائے
کاسہ مِرے ہاتھوں سے کہیں چھُوٹ نہ جائے
مَیں آس کا بندہ ہُوں بڑی دیر سے چُپ ہُوں
کب تک مِرے مولا
یہ اشک کہاں جائیں گے دامن مجھے دے دے
اے بادِ بہاری مِرا گُلشن مجھے دے دے
مَیں شاخ سے ٹُوٹا ہُوں بڑی دیر سے چُپ ہوں
کب تک مِرے مولا
سَرتا بقدم اپنی مُرادوں کو سنبھالے
جاتے ہوئے تکتے ہیں مجھے قافلے والے
مَیں لالۂ صحرا ہُوں بڑی دیر سے چُپ ہُوں
کب تک مِرے مولا

اے دستِ طلب کیوں تری باری نہیں آئی
کہتا، مرے آقا کی سواری نہیں آئی
تصویر و تماشہ ہوں بڑی دیر سے چپ ہوں
کب تک مرے مولا
ممکن نہیں یہ آنکھ تری دید کو ترسے
ہر رنگ میں دیکھوں تجھے دیوار سے در سے
مَیں تو ترا رستہ ہوں بڑی دیر سے چپ ہوں
کب تک مرے مولا
اے کاشفِ اسرارِ نہانی ترے صدقے
اب شاذ کو دے حکمِ روانی ترے صدقے
ٹھہرا ہوا دریا ہوں بڑی دیر سے چپ ہوں
کب تک مرے مولا

○

شجرِ ممنوعہ

صُبح و مساؔ رہینِ ستم ہائے بے شمار
تارِ نفس کی خیر ہو، عُمرِ رواں کی خیر
سُورج کا خوف، چاند کا ڈر، چاندنی سے شرم
گُلشن سے پردہ، گُل سے ندامت، کلی سے شرم
لیکن بایں ہمہ، مرے ذوقِ جواں کی خیر

یُوں ٹُوٹ کر حیات سے کرتا رہا ہوں پیار
جس طرح بیاہتا سے محبت کرے کوئی!

○

بازدید

حِنائی ہاتھ بصد ناز و احتیاط و حجاب
پئے سلام جبیں تک بڑی ادا سے گیا

○

کچھ اور سُرخ ہوئے ناخنوں کے شوخ ہلال !
انگوٹھیوں کی جھکا جھک میں انگلیوں کی پھبن
کہ جیسے نُور سا مرمر کی جالیوں سے چھنے
سجل بدن کی گلابی مئے حیا سے گُداز
جھجک میں، جھینپ میں، اِک سعیِ خود نگہداری
ہر ایک زاویۂ جسم ہے عبادت گاہ
تراشِ تنگ قبا معصیت پناہ بھی ہے
تری نگاہ سلامت، ترے شباب کی خیر
کنوارے پَن میں بھی چھب تھی سدا سہاگن کی
دُلہن بنی ہے تو لوٹ آیا ہے کنوارا پَن،

قمر نامہ

ملاقات کی یہ شبِ اوّلیں
ہوا کیف ساماں فضا احمریں
یہ ہنگامِ جلوہ یہ گل بانگِ دید
یہ میلادِ آدم یہ نوروزِ عید

○

قمر اپنے شاعر کی رُوداد سن
پلک سے مری اشکِ دیدار چن

○

مُغنّی ہوں کرتا ہوں سُر کا سنگھار
شعاعوں سے گوندھا ہے گیتوں کا ہار
یہ تشبیہہ کا رس تری دین ہے
یہ الفاظ کا جس تری دین ہے

شناسائی تجھ سے ترے نُور سے
رہی ہے مجھے دیر سے، دُور سے
مجھے یاد ہے اپنے بچپن کا سِن،
شرارت کی راتیں، شرارت کے دِن
تعارف ہُوا غائبانہ ترا
سُنا اپنی ماں سے فسانہ ترا
وہ وادئ رنگین و جادُو صفات،
وہ بُڑھیا کا قِصّہ وہ چرخے کی بات
پُکارا تجھے سو دفعہ پیار سے
یہی آس اُترے تُو دیوار سے
وہ معصوم سی اِک محبّت مِری،
وہ ننّھی سی مِنّت سماجت مِری

○

غرض توسنِ وقت بڑھتا گیا
زمانہ کا سیلاب چڑھتا گیا

○

کہوں کیسے اُفتادِ عہدِ شباب
جُدائی کی تعبیر چاہت کا خواب

وفا کا چلن نیشتر کی طرح
بیاباں کی وُسعت بھی گھر کی طرح
مری بستیاں جب خرابہ بنیں
یہ آنکھیں لہُو کا دوآبہ بنیں
کسی کی ملاقات و رخصت کا غم
مری عُمر بھر کی مسرّت کا غم
بہ ایں سلسلہ ہائے شام و سحر
مرے واسطے تُو رہا چارہ گر
بجُز تیرے ہمدرد کوئی نہ تھا
رفیقِ رُخِ زرد کوئی نہ تھا

○

اسی رشتۂ درد نے کھینچکر
مجھے لا بٹھایا ترے بام پر

○

مرا ذوق و شوق و ننگ و ناز دیکھ
جنوں ہو چلا ہے خرد ساز دیکھ
مسلسل خروشاں رواں نغمہ خواں
ازل کے مُسافر کی منزل کہاں

گِل و خاک کی سرفرازی کی خیر،
کمندِ ہُنر کی درازی کی خیر،
زمامِ عناصر سنبھالے ہوئے
ستاروں کی گیندیں اُچھالے ہوئے
نُہفتہ دریچوں کو کھولے ہوئے
خلاؤں کی نبضیں ٹٹولے ہوئے

پُجاری ترا، تیری چوکھٹ پہ ہے
جنم کا یہ پیاسا چندر تٹ پہ ہے

○

آتشکدہ

سب نامۂ گُل سب حرفِ وفا
سب خوشبوئیں، سب رنگِ حنا
ہر مصرِ طرب کے کاشانے
نجدِ دل و جاں کے سنّاٹے
یونانِ نظر کے بُت خانے
سب آتشداں کی نذر ہوئے
شعلوں کی زبانیں چیخ پڑیں
چنگاریاں کانپیں، تھرّائیں
مَیں جن کو بھول کے شاداں تھا
وہ ساری باتیں یاد آئیں

○

کیا کیا نہ جلا، کیا کیا نہ بجھا
سرگوشی کی ہر بات جلی

القاب کے نازک پردوں میں
کن لفظوں کی سوغات جلی
برکھا کے سویرے کجلائے
جاڑوں کی سہانی رات جلی
اک مان سروور سوکھ گیا
امرت کی بھری برسات جلی
اک چاند کی کرنیں ٹوٹ گئیں
اک سورج کی بارات جلی

○

چپ چاپ جلے، اس آگ میں ہم
تن خاک ہوا، دامن نہ جلا
سب پیار کے پودے کمھلائے
مٹی نہ جلی، آنگن نہ جلا
تم خوش ہو اپنی گرہستی میں
(گو ہاتھ جلے، کنگن نہ جلا)
میں اپنے گھر آسودہ ہوں
(چہرہ ہی بجھا، درپن نہ جلا)

○

سائنس

سبز گنجان گھنی جھاڑیوں کی چھاؤں میں
پو پھٹے کُہر کی مہکار میں ساگر تٹ پر
جانے کیا کُوکتی ہے کوئی اکیلی کوئل
جانے کیا سوچ رہا ہے یہ رسیلا منظر!

ایک سنّاٹا ہے معمورۂ احساس و جمال
خوف آتا ہے کہ آواز نہ بن جائے کہیں!

○

سروساماں

پتّھر کے بازارِ سیہ میں
شیشے کا سوداگر ہوں میں

○

میرا اثاثہ، میری دولت
آنکھوں کا نمناک تبسّم
ماتھے کی کاواک لکیریں
سانسوں کی ننھّی سی دُعائیں
ذہن کی جُودت دل کی شرافت
جینے کی اپنی سی لگن میں
زہر بھی امرت غم بھی مسرّت
یُوں رکھتا ہوں اپنے ہُنر کو
جیسے گانے والا گداگر
نانِ شبینہ کی حسرت میں
سو پردوں میں زخم چھپا کر
اپنا ساز جَتن سے رکھے

○

فسونِ نیاز

یہ دشتِ بے سر و ساماں، یہ سوزِ نیم شبی
جہاں بھی چشمۂ ریگِ رواں نظر آیا
چمک اُٹھا ہے مرا داغِ تشنہ لبی

○

گریز پا ہے کہ ہے پا بہ گِل یہ عمرِ وفا
حیات ہے کہ سن و سال کی دُہائی ہے
مَیں وہ کہ جس کو بیاباں سے مُشتِ خاک ملی
مرا طریقِ طلب ہے کہ جگ ہنسائی ہے
گُلِ شگفتہ نہ مانگوں، گُلِ چکیدہ سہی
رسائی ہے کہ یہ احساسِ نارسائی ہے

○

ہزار شکر مرے پاس کوئی برگ نہ ساز
پکارتا ہے نسب نامۂ جبیں کیا کیا
"حریفِ مطلبِ مُشکل نہیں فسونِ نیاز"

○

گونج

یاد کے گنبدِ بے در کی اسیری کیا ہے
کوئی آہٹ، کوئی سسکی، کوئی فریاد تو ہو
آپ اپنے کو پکاروں کہ ذرا جی بہلے
یہ خرابہ کسی عنوان سے آباد تو ہو

لیکن اِک خوف کہ گونجی ہوئی آواز کہیں
اپنی ہی رُوح کے سنّاٹے کا کہرام نہ ہو
ایک کھوئے ہوئے لہجے میں ترا نام نہ ہو

مَیں اور تُو

کون ہے تُو، پگلی لگتی ہے
کچّی کونپل، اکہری ڈالی
برکھا رُت کی پہلی بَدلی
بِن چھوئی مَدرا کی پیالی
کوری گاگر، مہکی کیاری
بولتا گھُنگھرو، بجتی تالی
مَدماتی، شرمیلی، گُم سُم
پھُول کے مُنہ پر اوس کی جالی

چندر کرن کا سایہ سر پر
پگ پگ چُومے بَن ہریالی
اشرفیوں کی مُورت پھر بھی
رُوح پیاسی آنکھ سوالی
مندر کی محراب میں جیسے
منّت کی سونے کی تھالی
تن مَن میں تہوار کی دُھومیں
چہرہ ہولی مانگ دِوالی

○

مَیں تو جلتی ریت کا چشمہ
میرے تٹ پر جگ پیاسا ہے
اَبر ہوں لیکن چاند کے رُخ پر
میری چھاؤں میں اندھیارا ہے
پیڑ گھنا ہوں، لیکن مَیں نے
چلتا رستہ روک رکھا ہے
جھڑتے پھُول کی سِسکی ہوں مَیں
مجھ سے شاخ کا زخم ہَرا ہے
لُٹتے کھیت کا سونا ہُوں مَیں

میرا اپنا مول ہی کیا ہے
ٹکڑے ٹکڑے، بجرا دِل کا
ساگر ساگر ڈول رہا ہے
جیون کی کھائی میں ناداں
میرے گہرا زخم لگا ہے
تُو رِستا ہے میرے حق میں
دیکھ، مجھے بَن باس مِلا ہے

فِطرت

وہ چڑھتی بیل ہے، نازک، لجیلی، بل کھاتی
چٹک رہی ہیں رگیں، کسمساہٹوں کی یہ رُت
سجل، دہکتی، مہکتی، رسیلی، مَدماتی
وہ لوک لاج کی ماری ہے، کون سمجھائے

یہ ضِد بھی شرم ہے، فطرت سے اجتناب نہ کر
لپٹ بھی جا کسی دیوار سے حجاب نہ کر

○

جذب و گریز

رُو برو ہو کے بھی نظریں نہ مِلائیں اُس نے
اپنی روئی ہوئی آنکھوں کو چھُپانا چاہا
ہائے وہ کیفیّتِ عجز بہ ہنگامِ سلام
اُس سرافراز نے جب سر کو جُھکانا چاہا
سیپ سی اُنگلیاں تھرّائیں، جبیں سرد ہوئی
جیسے سرتا بقدم مجھ میں سمانا چاہا
زیرِ دامانِ حیا شمع جلانی چاہی
ناز فرماتے ہوئے ناز اُٹھانا چاہا
سُخنِ لُطف کو سرگوشی کا درجہ دے کر
تا بہ امکاں مجھے نزدیک بُلانا چاہا

○

لیلیٰ نجدِ دکن، جانِ وطن، رُوحِ سخن؛
غم کو محمل نہ سمجھ، عشق کو پردا نہ بنا
مہر کو چُور نہ کر، ماہ کو بے نُور نہ کر
نیند کو زخم نہ دے، خواب کو دھڑکا نہ بنا
لحن کو سوز نہ دے، ساز پہ مضراب نہ رکھ
سانس کو آہ نہ کر، فِکر کو نغمہ نہ بنا
رُوپ کو دُھوپ نہ دے، رنگ کو شعلہ نہ دِکھا
دَر کو دیوار نہ کر، سَنگ کو شیشہ نہ بنا
تُو کہ خلوت میں رہے انجمن آرا بَن کر
مجھ کو بازار ہی رہنے دے تماشہ نہ بنا

اب کے برس

کوئی دستک کوئی آواز کوئی نغمۂ نو
درِ گل باز کر، اے بادِ صبا اب کے برس

چاند کو گھول دے پیمانۂ شب میں اب کے
رنگ میں ڈوب دے سورج کی ضیا اب کے برس

شمع کا نور ہو پگھلے ہوئے کُندن کی طرح
خاکِ پروانہ کو اِکسیر بنا اب کے برس

ہر مہینہ پہ ہو پھولوں کے مہینہ کا گُماں
ہر دن آتی رہے ساون کی گھٹا اب کے برس

سرو و شمشاد و صنوبر کو ملے لُطفِ خرام
شبنمِ خفتہ کو دے اذنِ بقا اب کے برس

جانبِ دل سے چلے ذکرِ رہ و رسمِ جنوں
سمتِ خوباں سے بندھے عہدِ وفا اب کے برس

نیم رس رہنے نہ پائے مری صہبا ساقی
تلخیِ کام و دہن اور سوا اب کے برس

مَن کے گوکُل میں کوئی ناز کا گھنگھرو بولے
تن کے مدھوبن میں کوئی لُو کا لگا اب کے برس

کھول دے بابِ اثر رول دے کچھ لعل و گہر
ابر کی طرح اُٹھے دستِ دُعا اب کے برس

○

مہر و مہتاب کی دُخترِ اوّلیں

مہر و مہتاب کی دخترِ اوّلیں
دُودمانِ چراغاں کی نورِ نظر

○

یہ سراپا یہ فوّارۂ ہفت رنگ
یہ بدن شاخِ ممنوعِ ارضِ بشر
یہ مدوّر خمِ جسم ، یہ زاویئے
جیسے تقدیس و عصیاں ہوں دامن بگر
لب، شفق زار کے احمریں حاشیئے
آنکھیں سانجھ اور سویرے کے نیلے بھنور

○

مہر و مہتاب کی دُخترِ اوّلیں
دُودمانِ چراغاں کی نورِ نظر

مَیں کہ فن کار ہوں، آئینہ ساز ہوں
تیرے گیسو کی نسبت سے نافہ بہ جاں
تیری قامت کا صدقہ سرافراز ہوں
تیرے ابرو کے معبد کا ہوں معتکف
مصحفِ شوق کا حرفِ آغاز ہوں
دھیان ہوں تیری گُل کارِ تنہائی کا
سوچ کی گونج ہوں، تیری آواز ہوں
تیرے پیکر کے کُندن کی ہوں روشنی
تیرے ہونٹوں کے یاقوت کا راز ہوں

○

مہر و مہتاب کی دُخترِ اوّلیں
دُود مانِ چراغاں کی نُورِ نظر

○

یہ جھجک یہ لگاوٹ، یہ بارِ حیا
مُو بہ مُو آرزُو مندِ اظہار ہے
بہرِ دستِ رسا انتظارِ حیا
یہ مہکتا شلوکا پھبکتا بدن،
یہ چٹکتی رگیں یہ مسکتا بدن،

مہر و مہتاب کی دُخترِ اوّلیں
دُودمانِ چراغاں کی نُورِ نظر

○

تجھ کو معلوم ہے عشق کیا چیز ہے
جیسے دریا کی تاریک شب میں کوئی
سطحِ گرداب پہ شمع روشن کرے
یا کوئی نارِ سندر کا پٹ کھول کر
یُوں چلے یُوں قدم دھیرے دھیرے دھرے
کوئی گھنگھرو نہ بولے نہ گھونگھٹ کھُلے
اپنی جھانجھن کی جھَن جھَن سے پگ پگ ڈرے

○

تجھ کو معلوم ہے عشق کیا چیز ہے
پو پھٹے جیسے جگنو کی لو کانپ اُٹھے
شاخ سے ٹُوٹ کر جیسے کوئی کلی
دستِ گلچیں کو حسرت سے تکتی رہے
جیسے میداں میں زخمی سپاہی کا غم
چھوڑ کر جس کو تنہا کُمک چل پڑے

تجھ کو معلوم ہے عشق کیا چیز ہے
جیسے صحرا کو گھر میں بُلا لے کوئی!
چیختے شہر کے ہونکتے شور میں
زہر خاموشیوں کا بلا لے کوئی
نار کو آنسوؤں سے بجھاتے ہوئے
نُور میں جیسے آنکھیں گنوا لے کوئی
آپ اپنی رقابت کا سودا لیئے
زندگانی کے لمحے چُرا لے کوئی
اپنی سانسوں میں نشتر چھپائے ہوئے
عُمر دانستہ جیسے گھٹا لے کوئی

○

مہر و مہتاب کی دخترِ اوّلیں
دُودمانِ چراغاں کی نورِ نظر

○

کون ماضی کے افسانے دُہرائے گا
کون بچھڑے گا، پھر کون یاد آئے گا
نجد کی گرد میں قیس کیوں کھو گیا
کوہکن سو گیا بے سُتوں کھو گیا

۳۵

کس کو فرصت کہ غم کا اعادہ کرے
اپنا اپنا نشاں چل ذرا ڈھونڈھ لیں
جُوئے شیر آج بھی گنگناتی ہوئی
بہہ رہی ہے کہاں چل ذرا ڈھونڈھ لیں

○

ایک سال بیت گیا

مرے رفیق، مرے محترم، مرے شاہد
تجھے بھلائے ہوئے ایک سال بیت گیا
تُو محوِ خواب ہے، تیرا کوئی قصور نہیں
ہمیں جگائے ہوئے ایک سال بیت گیا
زمانہ فرصتِ نظّارگی نہیں دیتا
تجھے چھپائے ہوئے ایک سال بیت گیا
تعلقات جنھیں استوار سمجھے تھے
وہ سب پرائے ہوئے ایک سال بیت گیا
چڑھائیں چادرِ گُل، یا ردائے اشک کہ آج
تمیز اُٹھائے ہوئے ایک سال بیت گیا
دلوں میں تُو، ترا مدفن زمیں پہ تودۂ خاک
یہ راز پائے ہوئے ایک سال بیت گیا
کہاں ہے صُورِ سرافیل نالہ و فریاد
کہ حشر اُٹھائے ہوئے ایک سال بیت گیا
چلو چراغ جلائیں سرِ مزارِ حبیب
کہ لَو بڑھائے ہوئے ایک سال بیت گیا

شاہد صدیقی، مرحوم کی پہلی برسی پر

سربستہ

رُت پھری بھور پون جھُوم کے اِٹھلا کے چلی
کیا ہُوا، اب کے کسی نے مجھے پاگل نہ کہا
مَیں نے دیکھا نہیں، کس طرح کھِلی بند کلی

○

بھری برسات بھلی آئی، بھلی بیت گئی
تَن سے جھونکے نہ چلے، چھَن سے نہ شبنم ٹپکی
رنگ کی گرد سرِ صحنِ شفق بیٹھ گئی
پیشِ ساقی نہ مری اُوک سے صہبا چھلکی
بند کمرے کے دریچوں کے سُنہرے شیشے
سانولی بدلی کے ٹکرانے سے زخمی نہ ہوئے
تھی شبِ ماہ سے اشکوں کی شناسائی بہت
اب کے اپنے دلِ گم گشتہ کی یاد آئی بہت

۳۸ بیاضِ شام

مَیں کہ ہُوں قافِ طلسمات کے نغموں کا سفیر
کوئی بتلائے کہ کِس شہر میں آ پہنچا ہوں
جوہرِ عرضِ ہُنر، سیم نہیں، زر نہ سہی
دست و بازُوئے معیشت کا یہ زیور نہ سہی
بُوئے گُل نکہتِ گندم کے برابر نہ سہی
مُجھ میں سویا ہُوا دیوانہ یہ چِلّاتا ہے
دِن کی توقیر بجا، رات سے انکار نہ کر
خلوتِ دل کی ملاقات سے انکار نہ کر
سوچ میں گُم ہوں یہ رہ رہ کے خیال آتا ہے
کہ مَیں اِک عالمِ سرلبستہ ہُوں سیّارہ ہُوں
دہی شب گرد ہُوں، سودائی ہُوں، آوارہ ہُوں
شورشِ دَہر مجھے بھیک دے تنہائی کی
کہ یہ احساس نہ مَر جائے کہ مَیں زندہ ہُوں

○

شاذ تمکنت

جھوٹ سچ

ذرا سی آرزوئے وصل باقی ہے بہت سمجھو
کہ سانسوں کو غنیمت، زندگی کو مصلحت سمجھو
تمھیں بھولا ہُوا ہُوں اور زندہ ہُوں یہ مت سمجھو
یہاں یہ حال ہے بس خیریت ہی خیریت سمجھو

نہ چاہو بھی تو یہ دُنیا ہے، خوش رہنا ہی پڑتا ہے
شریکِ زندگی سے جھُوٹ سچ کہنا ہی پڑتا ہے

○

حرفِ مکرّر

شام پر شامِ اَبد کا ہے گُماں دیکھو تو
کوئی ہے، کوئی نہیں، کوئی نہیں، کوئی نہیں
(کیا ابھی گھومتی ہے مہر کے اطراف زمیں)

○

نُور آنکھوں کا مقدّر ہے سُنا تھا مَیں نے
لَب کو اظہار کی معراج سمجھ بیٹھا تھا
ایک دھڑکن تھی کہ جس پر تھا مجھے دِل کا فریب
سَر کو خاکم بہ دَہن، تاج سمجھ بیٹھا تھا

○

کون پڑھ پائے مجھے، کِس کا گذر ہوگا اِدھر
شبنم و آب سے لکھا ہُوا اِک کتبہ ہُوں
اپنی ہی قبر کا جاروب کشِ تنہا ہوں

○

حصارِ سنگ

صلیب آراستہ، مقتل چراغاں ہے، جہاں مَیں ہُوں
اِدھر تم ہو، اُدھر دُنیا کھڑی ہے، درمیاں مَیں ہُوں

○

شکایت کیا کروں، مجھ پر اگر پتّھر برستے ہیں
مَیں اپنے آپ کو شاخِ ثمر ور کہہ کے ہنستا ہُوں
سراپا تم ہو میری، جان و دل سے مَیں تمہارا ہُوں
جو دُوری ہے تو دُوری کو مقدّر کہہ کے ہنستا ہُوں

○

تمہیں اندیشۂ رُسوائی و خوفِ جہاں ہو گا
مگر مجھ سے بہت دِن تک خود آزاری نہیں ہوگی
تم اِک دیوار ہو، مَیں زیرِ سایہ ہُوں، بجا لیکن
مجھے سر مار کر مَرنے میں دُشواری نہیں ہوگی!

○

ثالِثؔ

مَیں اور دُنیا سوچ رہے تھے
ہم دونوں میں کون بُرا ہے
ہنسی ہنسی میں ٹھَن جاتی تھی
تم جو بیچ بچاؤ نہ کرتے
جانوں پر بھی بَن جاتی تھی
کیسا جھگڑا ہو جاتا تھا

○

بانس کا جنگل

دُور تک بانس کا جنگل ہے، گھنا، تیرہ و تار
جب سَنکتی ہے ہَوا سِیٹیاں لہراتی ہیں
ڈُوبتی جاتی ہے پھر گُونج کی مدّھم جھنکار
پھر وہی ہُو کا سَماں پھر وہی حیرت کا دیار
بَن کے سنّاٹے میں اِک شعلہ ہے تنہا تنہا
کوئی فانوس کی دیوار نہ شِیشے کا حصار
کچھ نہیں کچھ بھی نہیں وسوسۂ جاں کے سِوا
خَس و آتش کی یہ ہمسائیگی یہ رَبط و گرُیز
راکھ کا چار طرف ڈھیر نہ ہو جائے کہیں
تم چلے آؤ یہاں دیر نہ ہو جائے کہیں

○

پُرسش

مَیں نے رو رو کے خدا سے یہ دُعا مانگی تھی
مجھ پہ وہ دن نہ قیامت کی طرح ٹُوٹ پڑے
جب تجھے دیکھ کے دل عُذرِ پشیماں بن جائے
پاس کچھ بھی نہ رہے بے سرو ساماں بن جائے
کُھل کے رو بھی نہ سکوں اشک چُھپا بھی نہ سکوں
بات کرنی تو کُجا بات بنا بھی نہ سکوں

○

جس سے رنجش بھی ہو جھگڑا بھی ہو یارانہ بھی
جو مری شمع بھی ہو جو مِرا پروانہ بھی
اُس سے مِلتے ہوئے یہ شرط ہو منظور مجھے
کہ زباں کھولوں تو آدابِ سُخن یاد رکھوں

درد لہجے میں نہ ہو، آنکھ میں حسرت نہ رہے
کہ مَیں ہوں شاعرِ رُسوائے وطن یاد رکھوں
دیکھ کر اپنے مسیحا کو جُھکا لوں نظریں
اپنی جلتی ہوئی سانسوں کی دُکھن یاد رکھوں
اپنی زنجیر کی وُسعت کو کہیں بھُول نہ جاؤں
اپنی تقدیر کے ماتھے کی شِکن یاد رکھوں

○

آج اِک بزم میں دیکھا تجھے فردا کی طرح
اور مَیں ماضیِ گُم گشتہ کی مانند خراب
مُطمئن تھا کوئی پہچاننے والا ہی نہیں
کہ وہ افسانۂ دل ہے نہ وہ چہرے کی کتاب
تُو نے رسماً ہی سہی پُوچھ لیا میرا مزاج
جس طرح قبر کے سینے پہ رکھے کوئی گُلاب

○

شکستِ انا

یہ جبیں، مطلعِ خورشیدِ جہانِ بیدار
شش جہت کے یہ ستوں بازوئے سنگلاخ و جواں
میری امید گہِ نور یہ آنکھیں، یہ دماغ
آج چپ چاپ ہوئے گرم لہو میں غلطاں،
کس سے فریاد کروں دردِ مجسّم ہوں میں
تو نے جانا بھی کہاں وقت ہوں رستم ہوں میں
اب بھلا کیسے جگاؤں کہ گراں خواب ہے تو
مجھ کو معلوم نہ تھا شاذؔ کہ سہراب ہے تو

○

تمہارا واسطہ کیا ہے

مرے مزاج کا یہ عجز و انکسار یہ درد
وفورِ کیف میں کم کم اُداسیاں میری
کُشادہ دست و تہی جیب، سیر چشم و گدا
عطائے خاص ہیں واماندہ حالیاں میری

یہ در گذر کی صفت یہ فروتنی کی ادا
ہر اک سے رسم و رہِ دلدہی نبھائے ہوئے
برہنہ پا ہوں کہ کانٹوں کا پاسِ خاطر ہے
خمیدہ پُشت ہوں بارِ جہاں اُٹھائے ہوئے

تمہارا واسطہ کیا ہے کہ پا بہ گِل ہوں میں
وگرنہ کھیل ہی سارا بگڑ چکا ہوتا
گرا ہی دیتا یہ دیوارِ آب و رنگ اب تک
میں اِس جہاں سے بہت پہلے لڑ چکا ہوتا

بارِ وفا

پھر وہی آنکھیں، وہی میری طرفدار آنکھیں
مُسکراتی ہوئی دِلدار، مِلنسار آنکھیں
نارسیدہ یہ تمنّائیں، یہ ارمان ترے
صاف آمادۂ شب خُوں یہ پلک بان ترے
یہ کھُلی زُلفیں یہ شب زادیاں نکہت بردوش
اُف یہ دوشیزگیِ بر یہ کنواری آغوش
راہِ عصیاں سے اُبلتی ہوئی یہ جُوئے ثواب
معبدِ جسم، یہ کُندن کے کلس یہ محراب
سپر انگندہ نگاہوں میں مُناجات لیئے
ہمہ تن آرزوئے دید و ملاقات لیئے

تُو کہ ہے منتظرِ جرأتِ اظہارِ وفا
پھر وہی بارِ وفا، پھر وہی تکرارِ وفا
دردِ سرشار ہوں، لذّت کشِ آزار ہوں مَیں
صورتِ نقش ہوں مَیں، صورتِ دیوار ہوں مَیں

کیا کہوں تجھ سے مری سانس رُکی جاتی ہے
تیرے پہلو میں کسی اور کی یاد آتی ہے

○

ہمزاد

وہ اِک شخص جس کی شباہت سے مجھ کو
بہت خوار و شرمندہ ہونا پڑا تھا
قبا رُوح کی مَلگجی ہو گئی تھی
کئی بار دامن کو دھونا پڑا تھا
وہ مجھ جیسی آنکھیں، جبیں، ہونٹ، اَبرُو
کہ باقی نہ تھا کچھ بھی فرقِ مَن و تُو
وہی چال، آواز، قد، رنگ مدّھم
وہی طرزِ گفتار، ٹھہراؤ کم کم
خدا جانے کیا کیا مشاغل تھے اس کے
مرے پاس لوگ آئے، آ آ کے لَوٹے
کئی مجھ سے اُلجھے، کئی مجھ سے جھگڑے
مَیں روتا رہا بے گُناہی کا رونا
مرے جُرم پر لوگ تھے قہقہہ زن
نہ کام آیا اپنی تباہی کا رونا

وہ ظلمت میں چھپ چھپ کے دن کاٹتا تھا
مَیں دن کے اُجالے میں مارا گیا تھا
سُنا رات وہ مر گیا کیا غضب ہے
اُسے دفن کر آئے لوگوں کو دیکھو!
مَیں کمبخت نظروں سے اوجھل ہی کب تھا
یہ کیا کر دیا، ہائے لوگوں کو دیکھو!

○

چاند جگمگاتا ہے
تھال جیسے کُندن کا
ہر کرن کے سینے میں،
چھُوٹتی ہیں جھنکاریں
یہ پھُوار سی خُنکی،
یہ کٹار سی دھاریں

خوابِ زار

رات سے گُریزاں تھا
رات پھر چلی آئی
بھُولی بسری باتیں کیوں
کہہ رہی ہے تنہائی

○

تُو اگر یہاں ہوتی
رنگ ہی دِگر ہوتا
سب گِلے تجھُی سے تھے
کِس سے کیا گِلہ کیجے
مانگنا تجھُی کو تھا
کیوں کوئی دُعا کیجے

تُو اگر یہاں ہوتی
رنگ ہی دگر ہوتا
رنج و شادمانی کا
میری زندگانی کا
روز و شب کی رنگت کا
عیش کا اذیّت کا
طَور ایک دُنیا کا
غیر کا شناسا کا
دوستوں کی باتوں کا
دشمنوں کی گھاتوں کا
قہقہوں کی گونجوں کا
جشنِ مے کی دُھوموں کا
صُبح و شام ہونے کا
میٹھی نیند سونے کا

ڈالیوں کے جُھکنے کا
برگِ گُل پہ شبنم کے
قطرہ قطرہ رُکنے کا
رقص رات بھر ہوتا
رنگ ہی دگر ہوتا
تُو اگر یہاں ہوتی

○

طائروں کے اُڑنے کا
ٹھنڈی ٹھنڈی جھیلوں کے
کونے کونے مُڑنے کا
راستہ جدھر ہوتا
رنگ ہی دِگر ہوتا
تُو اگر یہاں ہوتی

شام مہکی مہکی سی
اگرئی، ملاگیری
چاند کا شہابی پَن
چاندنی کا چندن بَن
کیفِ خود فراموشی
نیم شب کی خاموشی
کتنی مہرباں ہوتی
تُو اگر یہاں ہوتی
رنگ ہی دِگر ہوتا

○

طبع کی رَوانی میں
اِس بھری جوانی میں
کتنے کام ادھورے ہیں
کوئی کام کر لیتا
آئینے مقابل تھے
مَیں بھی کچھ سنور لیتا

پتھروں کے سینے میں
مُورتیں مچلتی ہیں
آئینوں میں نادیدہ
صُورتیں مچلتی ہیں
ہر سفالِ نم خوردہ
کُوزہ گر کی دُھن میں ہے
آب و گُل کا شِیرازہ
بال و پَر کی دُھن میں ہے
برگِ گُل کے صفحوں پر
ہیں نمُو کی تحریریں
انتظارِ فردا میں
مہر و مہ کی تقدیریں

کاروانِ روز و شب
یوں نہ بے خبر ہوتا
مَیں بھی ساتھ ہو لیتا
یوں نہ دربدر ہوتا

قدرِ زندگی ہوتی
موت کا بھی ڈر ہوتا
ہائے اِک رفاقت کا
جشن عمر بھر ہوتا
تُو اگر یہاں ہوتی
رنگ ہی دِگر ہوتا

اَن کہی

لفظ کچھ تیرا بدن تو نہیں اے سروِ رَواں
مَیں جسے چھُوتے ہوئے ڈرتا ہُوں، گھبراتا ہُوں
رنج رہتا ہے کہ صورت نہیں پکڑے گا خیال
سحر و شام، یہی سوچ کے رہ جاتا ہُوں
کہ معانی کے مقدّر میں ہے بے بال و پَری
ایک تسکین کہ پیچ و خمِ اسرارِ نہاں
عکس اُتاریں گے فقط ذہن کی دیواروں پر
خوفِ رُسوائی نہ اندیشۂ اظہارِ بیاں
نہ کوئی شور، نہ آواز، نہ نغمہ، نہ فُغاں

○

طیورِ آوارہ

گھر کا آنگن
فرشِ سبزہ
اوس کے کہرے کا نم
سوچ کی رَو بہہ رہی ہے پیچ و خم کھاتی ہوئی
اپنے ہونے کا گماں اپنے نہ ہونے کا یقیں
بَس گیا ہے رُوح میں برسوں کی تنہائی کا غم
مَد بھرے، کومل سُروں میں لوریاں گاتی ہوئی
چاندنی کو اپنے زانو پر سُلاتی ہے زمیں
نیم شب
گہری خموشی
کسمساتی آہٹیں

چاند، مُوبافِ طلائی زلفِ شب کے واسطے
بام و دَر ہیں بارِ خشت و سنگ سے سہمے ہوئے
کچھ سُنی، کچھ اَن سُنی سی گُنگُناتی آہٹیں
تازیانہ میرے دردِ بے سبب کے واسطے
چار سُو دُھندلکے ہوئے کہرے کی مدّھم روشنی
چاندنی، پگڈنڈیاں، اشجار، کم کم روشنی

○

ریل کی سیٹی
خدا جانے کہاں جاتے ہیں لوگ
کیا یہ سچ ہے پھر پلٹ کر اپنے گھر آتے ہیں لوگ

○

دُور تک شہرِ خموشاں دُھند میں لپٹا ہوا
دُور تک کتبے ہیں شب بیدار آبادی لیئے
خاک پر اُبھرے ہوئے نقشِ جمیلِ آخری
زندگانی کے سفر کے سنگِ میلِ آخری
دُور تک برفاب جسموں کے کھنڈر پھیلے ہوئے
جانے کیسے لوگ تھے کیا خال و خط گُم ہو گئے
شورِ دُنیا کیا قیامت ہے یہ کیسے سو گئے

جانے کتنے دن ہوئے اِن کے کفن میلے ہوئے
کیا نہیں ممکن کہ زندہ آدمی کی قبر ہو
ننھی ننھی کتنی قبروں کے ہیں وارث سینکڑوں
چاند مر جاتا ہے، سورج لوٹ کر آتا نہیں
اِس طرح تاریکیوں میں روشنی کی قبر ہو
سچ کی گردن جھوٹ کے زیور سے ہے خم آشنا
کج رَوی کے زیرِ سایہ نازکی کی قبر ہو
آرزوؤں کے فنا کی یادگاریں کیوں نہ ہوں
جیتے جی ہر موت پر اِک قبرِ تازہ چاہیئے
روز و شب کرتے ہیں ہم گِن گِن کے عمروں کا حساب
مشغلہ ٹھہرا تو زخموں کی قطاریں کیوں نہ ہوں

○

چاندنی نسیاں کے بام و دَر پہ ہے چھائی ہوئی
پڑ گئے ہیں بھولی بسری کتنی یادوں کے شگاف
رکن خیالوں کی ابابیلوں کے مسکن بن گئے
پھڑ پھڑا کر چیختی رہتی ہیں آدھی رات کو
بازوئے سقف و ستوں زخمی ہیں کتنے سال سے
عنکبوتِ یادِ پارینہ کے جالے تن گئے

وقت کی آنکھیں فصیلوں پر ہیں پتھرائی ہوئی
اس زمیں میں دھنس گئے ہیں کیسے کیسے کوہِ قاف
اُس کی آوازوں سے نسیاں کی عمارت سحر گوں
لفظ بجتے ہیں، کھنک اُٹھتے ہیں، کھو جاتے ہیں پھر
راستہ مفہوم کا تک تک کے سو جاتے ہیں پھر

○

پھر وہی خط
دُکھ بھرے لفظوں کی سانسیں تیز تیز
"میرے شاجے
تیری داسی
پیار
کب تک انتظار"
امتحانی پرچے دھاگوں سے بندھے
انبار
ڈھیر
صُبح پھر کالج
وہی چہرے
وہی اسباق، میز

مصحفی، غالب
کُتب خانہ کا زینہ پیچ دار
پاؤں پھسلا تھا مِرا، ہلکا سا اب تک درد ہے
گر رہی ہے اوس
دیکھو ناک کتنی سرد ہے
آج تو بس میں کھڑے ہو کر سفر کرنا پڑا
موقع پاتے ہی مسافر توڑ دیتے ہیں قطار
بھاگتی سڑکیں
ٹکٹ
گھنٹی
بریک
انجن کا شور
(مَن کے سُر مُرجھا رہے ہیں کس قدر ہے تن کا شور)
اے اِدھر اخبار والے!
ویت نام، امریکی بم
دیکھنا ہابیل و قابیل اب بھی ہیں مصروفِ جنگ
جنگ جیسے وعدۂ امن و اماں کا عُذرِ لنگ

بیاضِ شام

رات
مرگھٹ
راکھ کے ڈھیر
آگ
گندھک
کھوپڑی

تاڑ سا قد
لمبے لمبے دانت
دیدے لال لال

سرسراتے ناگ
گیدڑ
بھُوت
آتش کی جھڑی

آکسیجن
آپریشن
آئیوڈین
نرسیں
پلنگ

سہ لسانی فارمولا

عرصۂ اُردو ہے تنگ

کب خدا جانے سکونِ دل کے لمحے آئیں گے
دل میں کچھ ہونٹوں پہ کچھ
آنکھوں کو نظروں سے عناد
لفظ کو مفہوم سے کب تک بھلا ترسائیں گے
لکھنے پڑھنے کی فراغت
فکرِ نان و آب سے
رُستگاری کب ملے
کیا اتنے دن جی جائیں گے !
عشقِ پیچاں
چاندنی کی بیل
ہرنوں کی کلیل

چادرِ آبِ رَواں
چاندی کی قاشیں پُرگداز
بُرجیوں کا عکس
بہتی سلوٹیں

جھلمل سماں
کُنج میں جھنکارتے مور
آم کے بور
اُس طرف
پھُول کے چھتنار
میٹھی خوشبوؤں کی سلسبیل
چاندنی ـــــ سونے کا پانی
چاند جیسے اشرفی
یہ جہانِ شادمانی اپنی قسمت میں کہاں
پرس میں کتنے روپے ہیں
پہلی کتنی دُور ہے !

دُور، تنہا ابر پارے کا سکوت و اضطراب
ہُو بہُو بوڑھا رفوگر
ٹوٹی عینک
سَر بہ خم
روز و شب کرتا ہے جو کپڑوں کے زخموں کا حساب
سُوئی کے ناکے میں دھاگہ بار پاتا ہی نہیں

میں نے دیکھا تھا کہاں اب یاد آتا ہی نہیں
چاندنی ہے یا کوئی خاکستری دیبا کا تھان
میری تنہائی میں کوئی گُنگناتا ہی نہیں
اور وہ لڑکی
مری نظروں سے اوجھل ہو گئی
پھُول چُننے والی لڑکی کتنے کانٹے بو گئی
مجھ کو دیکھو زندگی سے جی کو بہلاتا ہوں میں
اُون کی گُڑیا کو جیسے بانجھ عورت تھپتھپائے

○

اِک مسلسل گیت کی آواز آتی ہے سُنو
کِس کے پاگل گیت کی آواز آتی ہے سُنو
آنسوؤں کی جھیل کی ہلکی سلیٹی سیڑھیاں
سیڑھیوں پر ایک کشتی بادباں کھولے ہوئے
پچھلی شب جیسے نظر آتی ہے گہری دُھند میں
پردے لہراتے ہوئے پتوار پر تولے ہوئے

○

دُور مٹیالے نشیبوں سے پرے
جھنکار سی

بیاضِ شام

گھنٹیاں بجنے لگیں

بیلوں کو چرواہے لیئے

جا رہے ہوں گے

(تو گویا صبحِ کاذب آ گئی)

مرمریں گنبد دکھائی دے رہا ہے کوہ پر

یا فرشتہ ہے کوئی ململ کی پگڑی زیبِ سر

بیٹھے بیٹھے ذہن نے کر ڈالے کتنے تجزیئے

دائرے

خط

جدولیں

قوسیں

مثلث

زاویئے

صُبح پھر آئے گی پیلی خُنکیوں کے تھال پر

از سرِ نو پھر تعارف ہو گا سورج سے کہ مَیں

روز چہرے کو بدل لیتا ہوں جینے کے لیئے

ورنہ یہ آنکھیں بھلا کیا کام آتیں دہر میں

(اِک طلسمِ خیر و شر ہے آب و گِل کے شہر میں)

ایک پیشانی بھلا اور دُور تک ہیں چوکھٹیں

صبح اُٹھ کر اپنی سانسوں کے قرینے کے لئے

ایک پیشانی نئی سر پر سجا لیتا ہوں مَیں

کل کے چہرے کو بہ آسانی مِٹا لیتا ہوں مَیں

چُپکے چُپکے مُسکرا لیتا ہوں اپنے حال پر

○

مُفاہمت

سُنا ہے زیست سے تم نے نِباہ کرلی ہے
مفاہمت کا یہ سودا کہیں گراں تو نہ تھا
سُبک سَری تو نہ ٹھہری بَلاکشی کے عوض
کوئی فریفتہ کوئی کشاں کشاں تو نہ تھا

○

بتا سکو تو بتا دو ہمیں بھی، راز کی بات
یہ بات کیسے بنی، کیسے کاروبار ہُوا
یہ لین دین کا جھگڑا اُچکا تو کیسے چُکا
پتہ چلے تو سہی کون کِس پہ بار ہُوا
چھڑے تو ہوں گے پُرانے نئے گِلے شکوے
نگاہ کِس کی جُھکی، کون شرمسار ہُوا
تمہاری کونسی شرطیں تھیں، کیا تقاضے تھے
اُدھر سے کون سا پیمان استوار ہُوا
شمارِ حسرتِ ناکام بھی ہُوا ہوگا
اگر ہُوا تو ہمارا بھی کچھ شمار ہُوا!

○

تماشہ

رات جگمگاتی ہے
بھیڑ، شور، ہنگامے
زرق برق، پہناوے
سُرخ، سیم گوں، دھانی
روشنی کے فوّارے
مرد، عورتیں، بچّے
آڑی ترچھی، صف باندھے
ایک خطِّ نُوریں کے
نقطۂ عمُودی کو
سر اُٹھائے تکتے ہیں

لُو کا جاگ اُٹھتا ہے
ایک لاٹ گرتی ہے
مَرد ، عورتیں ، بچّے
تالیاں بجاتے ہیں
صرف ایک ہی عورت
چیخ روک لیتی ہے
صرف ایک ہی بچّہ
تِلمِلا کے روتا ہے

○

سایہ

کون ہو تم، یہاں کس لئے آئی ہو
سرد کمرہ، اُداسی، گھنی خامشی،
آنکھیں دُھندلے دریچوں کی روئی ہوئی
روشنی مضمحل، زرد رُو جاں بہ لب
نیم تاریک بستر پہ سوئی ہوئی
میز پر کاغذی پھول ہنستے ہوئے
طاق پر مرمریں بُت کی تنہائیاں
فرش پر رینگتی، کسمساتی ہوئی
ایک نادیدہ پیکر کی پرچھائیاں

بیاضِ شام

سبز چوبی پرندے اُڑانوں میں گُم
زندگی کی حقیقت فسانوں میں گُم

اِک کیلنڈر پہ تاریخ مصلُوب ہے
دن کہ گردن میں پھانسی کا پھندہ لیے
لمحہ لمحہ کی آنکھوں سے مجُوب ہے
رُک گیا آسماں تھم گئی ہے زمیں،
خانہ ویرانیٔ آرزو اور مَیں
اِن میں اب ایک شے بھی تو زندہ نہیں
کون ہو تم، یہاں کس لیے آئی ہو

سوانحِ عمری

کدھر آئی ہو، اے بنتِ کلیسا
صلیبوں سے ذرا دامن بچا کر
تمہاری چاپ سے چونکی خموشی
اُداسی تک رہی ہے سر اُٹھا کر
یہ سنّاٹا کسی کی زندگی ہے
جگاتی ہو کسے شانہ ہلا کر
چراغوں کا دُھواں بَل کھا رہا ہے
ابھی شاید بجھے ہیں جھلملا کر
خرام آہستہ آہستہ کہ تم سے
سنہری زرد پتّے چرچرا کر
خزاں کی داستاں دُہرا رہے ہیں
بہارِ رفتہ کی سوگند کھا کر

مجھے اِک شخص کی یاد آ رہی ہے

حیاتِ سادہ کے خاکے بنا کر
وہ پہروں سوچتا تھا جانے کیا کچھ
کِھل اُٹھتا تھا تصوّر کو سجا کر

وہ اِک چھوٹا سا گھر، ننّھا بغیچہ
جہاں ہنستی ہوں کلیاں کِھلکِھلا کر
جہاں ہوں تتلیاں، بھونرے، شگوفے
شفق اُترے جہاں زیور بڑھا کر
جہاں ڈھلوانیں گھیرے ڈالتی ہوں
جہاں جاتے ہوں رستے پیچ کھا کر
نشیبوں سے پرے جھیلوں کا بلّور
شعاعیں دے رہا ہو چم چما کر
سرِ دیوار آبی رنگ پارے
چمک اُٹھیں نظر کی داد پا کر
وہ ہلکی نیلی دیواروں کے کمرے
سجایا جن کو خوشبوئیں بسا کر
جڑے ہوں خواب کے آئینے ہر سُو
جہاں تعبیر خوش ہو عکس پا کر

کتابیں میز پر بکھری پڑی ہوں
رکھے کوئی قرینے سے لگا کر
جہاں ہنستا ہو ننّھا پالنے میں
دھنک کے آڑے ترچھے رنگ اُڑا کر
شریکِ زندگی معصوم و سادہ
جھروکے میں کھڑی ہو لَو لگا کر
کسی کی راہ گویا تک رہی ہے
تردُّد کو محبّت میں چھپا کر
دبے پاؤں در آیا کوئی گھر میں
سراپا عجز کی صورت بنا کر
سببِ تاخیر کا سمجھا رہا ہے
کوئی اَن جان ہے سب سُن سُنا کر
کسی کا رُوٹھ جانا سر سے پا تک
منا لینا کسی کا مُسکرا کر
انگیٹھی کے کنارے نرم باتیں
غزل کے شعر کی تمہید اُٹھا کر
شرارت سی کسی کو سوجھتی ہے
سرکتا ہو کوئی پلّو چھڑا کر

مصوّر اس خیال و خواب کا اب
یہاں سویا ہُوا ہے سب لُٹا کر
یہ کتبہ وعدہ و قول و قسم کا
ذرا تحریر دیکھو پاس آکر
کسی کو پا کے کوئی کھو نہ بیٹھے
کسی کو کھو چکا ہے کوئی پا کر
کھڑی ہے سر برہنہ کوئی تعبیر
حریری خواب کو کفنی پنھا کر
ہر اک لفظ آخرِ شب چیختا ہے
رُخِ مفہوم سے پردہ ہٹا کر
برس پڑتے ہیں کچھ پھول آسماں سے
گزرتی ہے صبا آنسو بہا کر

○

مخدومؔ کی یاد میں

وہ لوگ اپنا درد تیرے پاس لے کے آئے تھے
وہ لوگ کون تھے بھلا
پریشاں حال، خاطرِ اُداس لے کے آئے تھے

○

وہ نوجوان کون تھا
جو ٹکڑے ٹکڑے آئنہ کے تک رہا تھا فرش پر
جو دانہ دانہ چُن رہا تھا خرمنِ خیال کا
لہُو اُمید و بیم کا چمک رہا تھا فرش پر
کہ زندگی کے راگ سُر تو تیرے پاس رہ گئے
وہ کیمیا کے سارے گُر تو تیرے پاس رہ گئے

ادھورے خواب سونپ کر
کہاں چلا گیا ہے تُو
بُجھی بُجھی ہے روشنی
دُھواں دُھواں ہیں بام و دَر
پُکارتی ہے رہ گُذر
کہاں چلا گیا ہے تُو

○

وہ طفلِ نودمیدہ کون تھا
سُنا رہا تھا جو کتابِ عہدِ نو وَرق وَرق
بیاضِ فردا لکھتے لکھتے ہاتھ کیوں اُٹھا لیا
قلم کسی نے دیکھتے ہی دیکھتے چُرا لیا
دوات چھَن سے ٹُوٹ کر بکھر گئی
حروف کھو کے رہ گئے
معانی رو کے رہ گئے
ادھورے خواب سونپ کر
کہاں چلا گیا ہے تُو
بُجھی بُجھی ہے روشنی
دُھواں دُھواں ہیں بام و دَر

پُکارتی ہے رہ گُذر
کہاں چلا گیا ہے تو

○

وہ ایک لڑکی کھیت کی سُنہری مانگ سے پرے
جو جانتی نہیں ہے تیرے نام کی مٹھاس بھی
مگر وہ مینہہ کی رُت کے پہلے پہلے بادلوں کی اوٹ سے
مگر وہ جھُومتے جھمکتے ڈنٹھلوں کی اوٹ سے

کھڑی ہوئی فصیلِ فصل کے حصارِ زرد زرد سے
سُنہری شوخ بالیوں کی مہکی مہکی گرد سے
وہ سُن رہی ہے تیری چاپ، تیری آہٹیں ابھی
اُمید، آس، آرزو کی گنگناہٹیں ابھی

ادھورے خواب سونپ کر
کہاں چلا گیا ہے تُو
بُجھی بُجھی ہے روشنی
دُھواں دُھواں ہیں بام و دَر
پُکارتی ہے رہ گُذر
کہاں چلا گیا ہے تُو

○

وہ دستِ رعشہ دار کون تھا
کہ جس کی جھرّیوں کی ایک ایک نس پکارتی رہی
ترے جواب کے لئے وہ بس پکارتی رہی
ردائے سر کہاں گئی
عصائے پیری کیا ہوا

○

رُتیں پھریں گی ہر برس
بہاریں چل کے تیرے پاس آئیں گی
ہوائیں رُخ بدل بدل کے تیرے پاس آئیں گی
گھنیرے اَبر موتیوں کے طشت بھر کے لائیں گے
وہ کنجِ گُل میں سبز و سُرخ روشنی گلاب کی

رُتیں پھریں گی ہر برس
وہ خشک خشک پتّیوں پہ لُو کی سرسراہٹیں
اکیلی دوپہر میں فاختہ کی ہُوک سے
سکوت کے بدن میں جیسے ہوں گی تھرتھراہٹیں
قطار در قطار لفظ تیرے پاس آئیں گے
کہیں گے رو کے شعر کا عطا ہو پیرہن ہمیں
بھٹک رہے ہیں دَر بہ دَر کرو نہ بے وطن ہمیں

بیاضِ شام

مَیں تارِ اشک و خُونِ دل پرو رہا ہوں دیر سے
تجھے سُپردِ خاک کر کے رو رہا ہوں دیر سے
تِری مثال جیسے آبِ چشمہ رَواں رہی
تُو دوسروں کے رُخ کی گرد دھو کے مُطمئن رہا
ہنسی کا تیری ذِکر کیا تُو رو کے مُطمئن رہا
تُو شبنمیں نگاہ سے اُجالے دیکھتا رہا
تُو روزنِ سیاہ سے اُجالے دیکھتا رہا
مَتاع تیری مُشتِ خاک اور تُو چمن چمن
نفاستِ حَریر تُو مگر دریدہ پیرہن
قدم قدم پہ نعمتوں کو تیرا انتظار تھا
نہ جانے کتنے نیلگوں دریچے تھے کھُلے ہوئے
نہ جانے کتنی شمعیں تیری راہ تک کے سو گئیں
تری نظر تھی اُس چراغِ خانہ سیاہ پر
کہ دے رہی تھی جس کی لَو ترے لہُو کا واسطہ
ترے مزاجِ آتش و شرارہ جُو کا واسطہ
تُو فرد کب تھا، بزم تھا، حیات تیرے ساتھ تھی
زمانہ تیرے ساتھ، کائنات تیرے ساتھ تھی
زیاں کے سُود، سُود کے زیاں کی داستاں تری

وہ سیرِ چشمیاں تری
وہ محفلیں، وہ رت جگے، وہ جشنِ مے وہ قہقہے
وہ یار باشیاں تری
تکلّمِ شگفتہ و تبسّمِ نگاہ میں
وہ دل نوازیاں تری
نہیں کہ آج دوسرا کوئی نہیں ہے دہر میں
سحر کے ساتھ یہ خلش کہ تو نہیں ہے شہر میں
وہ دُکھ کی گھات، سُکھ کی بات، کس سے جا کے پوچھئے
صنم کدہ، کھنڈر بنا ہے کس سے کیجئے گلہ
اُجڑ گیا ہے سومنات، کس سے جا کے پوچھئے
سخنوری بھی ہے بہت پیمبری بھی ہے بہت
طلسمِ صوت و نغمگی کی ساحری بھی ہے بہت
مگر مرے دکن تری بساطِ رقص اُلٹ گئی
مَیں رو رہا ہوں سُن رگِ رباب و چنگ کٹ گئی
مری زمیں دہل گئی کہ آسمان ڈھ گیا
کہ سیلِ اشک و آہ میں عجیب قصر بہہ گیا
سجے گی یُوں تو بارہا سُخن کی انجمن یہاں
کہ اقتضائے دہر بھی ہے کتنا دِل شکن یہاں

مگر کلیدِ رونقِ ہر انجمن تو کھو گئی
دکن کی قسمتِ سُخن تو تیرے ساتھ سو گئی
گلی گلی، نگر نگر مَیں تجھ کو ڈُھونڈتا پھروں
شفق شفق، سَحر سَحر مَیں تجھ کو ڈُھونڈتا پھروں
"وہ رُوپ رنگ راگ کا پیام" دے کے کھو گیا!
"وہ کام دیو کی کمان جام" دے کے کھو گیا!!

○

چاند پھر نکلے گا

چاند پھر نکلے گا' پھر تیرے خد و خال کا رنگ
یاد آئے گا' مجھے نیند نہیں آئے گی
دل بہت روئے گا آنسو نہیں پونچھے گا کوئی
جاں پہ بن جائے گی' دیوار و در و بام مجھے
بھینچ لیں گے' مری تنہائی نہ دیکھے گا کوئی
آنکھیں (موہوم اُجالے کے پُر اسرار کھنڈر)
راہ تکتی چلی جائیں گی نہ ٹوٹے گا کوئی

رات بھر پھر مرے ارماں کا سیہ تاب چراغ
جھلملائے گا' مجھے نیند نہیں آئے گی
ہر مہینے یونہی یہ درد کی فصل آئے گی
چاند آ آ کے کرے گا مرے زخموں کا حساب
مطمئن ہو کے شبِ ماہ پلٹ جائے گی
کہ ابھی تک مرے زخموں سے لہو رِستا ہے
کہ ابھی اور تمنّا مجھے تڑپائے گی!!

چاند پھر دائرہ سے زاویۂ ناخن تک
گھٹتا جائے گا' مجھے نیند نہیں آئے گی ○

ظُلمت سے پَرے

اِک دستِ شکستہ سازِ کہُن
تم سُن نہ سکو، مَیں گا نہ سکوں
پچھتائے ہوئے اِک عُمر ہوئی
اب چاہوں تو پچھتا نہ سکوں

میرے بھی فلک پر شمس و قمر
چمکے تھے چمک کر گہنائے
مَیں نے بھی ستارے ٹانکے تھے
سب ٹُوٹ گئے سب کجلائے

شبنم سے لکھے تھے کچھ نغمے
پانی پہ لکیریں کھینچی تھیں
پتھر سے پھُول کِھلائے تھے
اشکوں سے زمینیں سینچی تھیں

اِک شاخ چُنی، کچھ ہار بُنے
وہ ساری لڑیاں ٹوٹ گئیں،
مَیں جن سے شفق کو چھوتا تھا
رنگوں کی وہ کڑیاں ٹوٹ گئیں،

دیکھو، یہ چراغِ کُشتہ ہیں،
سب ان کے اُجالے بیچ دیئے
آنکھوں کا تبسّم لُٹ سا گیا
قسمت کے قبالے بیچ دیئے

کچھ خواب تھے میری جھولی میں،
اُن خوابوں کا نیلام اُٹھا
اب تم سے کہوں کیا جینے کا
کِس مشکل سے اِلزام اُٹھا

دیکھو تو اُدھر ظلمت سے پَرے
ماضی کا مہاجن بیٹھا ہے
سب رہن ہیں میرے روز و شب
تم لے آؤ تو اچھا ہے

○

ہم اپنا حسابِ غم چکالیں

اب مجھ سے ملو تو کیوں ملو تم
لیکن کبھی اتفاق ہو تو
مانو، کہ نہ مانو پھر بھی سن لو
نسیاں کی دُھواں دُھواں زمیں پر
ہم اپنا حسابِ غم چکالیں
پھر اپنی بساطِ درد اُٹھالیں

کچھ میرے ادھورے گیت شاید
ہونٹوں پہ تمہارے رہ گئے ہیں

کچھ حرفِ وفا، تمہارے دل کی
دھڑکن کے سہارے رہ گئے ہیں
کچھ تم نے سکھا دیا تھا جینا
کچھ عادتیں مجھ میں ہیں تمہاری
جن کی تمہیں خود خبر نہیں ہے
وہ نکہتیں مجھ میں ہیں تمہاری
کچھ ایک سے ہیں غموں کے چہرے
چہروں کی شباہتیں مِثالیں

ہم اپنا حسابِ غم چکا لیں
پھر اپنی بساطِ درد اُٹھا لیں

بازارِ وفا میں بھیڑ سی ہے
جگ مگ سی ہیں درد کی دُکانیں
سُرخ آرزوؤں کی روشنی ہے
خوابوں کے مجسّمے کھڑے ہیں
اطراف ہیں نیلے نیلے ہالے
بلّور کی کھڑکیاں، دریچے

شیشے کے چمکتے طاق، زینے
پھیلے ہیں شفق شفق اُجالے
کچھ یاد ہے تم کو اِک دُکاں پر
کِس خواب کی آرزو میں ہم نے
بیعانۂ اشک دے رکھا تھا
اُس خواب کے سامنے ٹھہر کر
کچھ دیر کو اپنا سر جھکالیں

ھم اپنا حسابِ غم چُکالیں،
پھر اپنی بساطِ درد اُٹھالیں،

○

لوگو

لوگو نہ بُرا مانو مجھ سے
اچھا نہیں اتنا پتھراؤ
یہ باتیں کل پھر دُہراؤ
ہر ایک گرہ کھُل جائے گی
مفہوم سمجھ میں آئے گا

نوخاستہ شاخ کا پھَل ہوں مَیں
جو پہلے پہل بازاروں میں
کچھ قبل از موسم آتا ہے
تُرشی بھی گوارا ہوتی ہے
قیمت بھی زیادہ ہوتی ہے
○

وعدہ

بھٹک رہے ہیں فراموشیوں کے کُہرے میں
دلوں میں یادِ شبِ گُم شُدہ جگائے ہوئے
سُلگتے بُجھتے ہوئے، دُور آس کے جُگنو
تمہاری راہ میں کب سے ہوں میں ستارہ بکف
محبّتوں کے زمانے کا بوجھ اُٹھائے ہوئے
غلط نہ سمجھو، مرے غم کا اعتبار کرو
گھنیری شام جہاں دونوں وقت مِلتے ہوں
شفق کے زینہ پہ تم میرا انتظار کرو

○

اور پھر یُوں ہُوا

اور پھر یُوں ہُوا' دِن گُذرتے گئے
اُس نے سوچا کہ رُسوائی کیوں مول لیں؛
کیوں نہ سونپی ہوئی دولتیں چھین لیں
دُوریاں بخش دیں' قُربتیں چھین لیں
مَیں نے پھر دل سے در تک کے سب راستے
وَا کیئے، ساری پُونجی کو یکجا کیا
کیسی تہذیب، کیسا کھنڈر بن گئی!
ہائے کِس سلطنت کو زوال آگیا
چار سُو غم کے شب خُون کی فوج تھی
چار سُو نارسائی کے لشکر مِلے
اِک ارم دُور تک زیرِ تعمیر تھا
دُور تک خُشک گہرے سمندر مِلے

چند صُبحیں مِلیں، ایک سُورج مِلا
چند شاموں کی آنکھوں میں سُرخی مِلی
چند راتوں کی کچھ چاندنی سی مِلی
نیم قوسیں مِلیں، قُرصِ مہتاب کی
میری بیدار آنکھوں میں گھُلنے لگیں
کانپتی، دُھندلی پرچھائیاں خواب کی
ناز کے قصر پر کوئی آہٹ مِلی
راز کے ریشمیں سُرخ پردے ہِلے
درد کے قیمتی پتھروں کے تلے
اشک کے موتیوں کے خزانے مِلے
پھر سے جینے کی جیسے للک جاگ اُٹھی
میری خوابیدہ تقدیر تک جاگ اُٹھی
ہوش آیا تو اپنے لبوں پر مجھے
ایک ہاری ہوئی مُسکراہٹ مِلی

○

دل نے پھر اپنا شیرازہ برہم کیا
غم نے روکا، مگر جاں نے ماتم کیا

مَیں نے کیا جانے کیا کیا اُسے تج دیا
وہ کھلونے ابھی تک جو ٹُوٹے نہ تھے
اُن سوالوں کو بھی مَیں نے لوٹا دیا
جو مِرے عشق سے اُس نے پوچھے نہ تھے
مَیں نے وہ روز و شب بھی اُسے دیدیئے
جو مِرے تھے، مگر صرف میرے نہ تھے
مَیں نے وہ کشتیاں بھی اُسے بخش دیں
بادباں جن کے اب تک لپیٹے نہ تھے
سارے پَتوار قُرباں کیئے، جن کے تَن
دھوپ میں ریگِ ساحل پہ سُوکھے نہ تھے
مَیں نے وہ رہگذر بھی اُسے سونپ دی
جس پر اُس کے نشانِ کفِ پا نہ تھے
مَیں نے ایسے بھی سنّاٹے واپس کیئے
ہم جہاں ساتھ رہتے تو تنہا نہ تھے
مَیں نے وہ ساری سرگوشیاں پھیر دیں
جن کے الفاظ میں آج تک جان تھی
اِک کھنک اُس کے لہجہ کی محفوظ تھی
جو مری رُوح و دل کی نگہبان تھی

مَیں نے اِن موتیوں کو بھی بکھرا دیا
عشقِ تنہا کو کچھ اور تنہا کیا

○

اور پھر یُوں ہُوا، دن گُذرتے گئے
یاد کی شہ رگوں کا کُنوارا لُہو،
مقتلِ وقت کے فرش پر سو گیا
یاد کی شکل پر جُھرّیاں آ گئیں،
یاد کی آنکھ کا نُور کم ہو گیا!
یاد کی پُشت خم ہو گئی، ہاتھ میں
اِک عصائے فراموش گاری لیئے
یاد لمحوں کے سیلاب میں کھو گئی
یاد آہستہ آہستہ گُم ہو گئی!

○

سَفر

سیاحتِ ذات پُرخطر ہے
ردائے شب، دُور تک سمندر
لہُو کی موجوں کی رہ گُذر ہے
اُمید کا چاند وَہم کے
بادلوں میں چھپ چھپ کے نوحہ گر ہے
شکستہ کشتی، ہَوا مخالف،
ضمیر و حالات کا بھنور ہے
لبوں پہ مانجھی کے گیت زخمی،
فضا میں بجتی ہیں سیٹیاں سی
یہ شورِ طوفانِ خیر و شر ہے
اگر کوئی ڈُوب جائے اس میں
تو تہ نشینی سے کب مَفر ہے
اگر کوئی پار اُتر گیا تو، !
جزیرہ عرفان و آگہی کا
سُنا ہے، صدیوں سے مُنتظر ہے

برف باری

زمستاں کی رُت، نیم شب، برف باری
بہ حدِّ نظر تھرتھراتی ہوئی لو
فضائے دل و جاں کی شیون گُزاری
درختانِ رفتہ ہَواؤں کی زَد پر،
خزاں دیدہ پتّے سسکتے ہوئے سے
ٹھٹھرتی ہوئی چاندنی ، کانپتی ضَو
دریچوں کے شیشے دَرکتے ہوئے سے
کوئی چیخ ، آواز ، جھنکار ، نغمہ،
روانیِ خونِ گُلو تھم رہی ہے
کُریدو انگیٹھی کا سینہ کُریدو
مری آگ پر راکھ سی جم رہی ہے

○

ریزہ ریزہ

وہ ایک لڑکی کہ طائرِ خوش نوا
خزاں ہیں، غزالِ وحشت رسیدہ جس پر
خُتن خُتن جیسے ہنس رہے تھے
وہ ایک بدلی کہ جس سے بُوندیں
برس نہ پائیں، تو سیپ کے لب ترس رہے تھے
وہ ایک ناگن جو ہر سپیرے کی
دُھن پہ بدمست ہو رہی تھی،
وہ جاگتی تھی کہ صاحبانِ کہف کے
غاروں میں سو رہی تھی،
رَواں دَواں عمُر کے آئینہ کو پیہم
غرُور و نخوت کے پتھروں سے

کچُل کچُل کر وہ کور چشموں کے جیسے سُرمہ لگا رہی تھی
وہ اب بھی بیٹھے برس کے خوابوں سے زندگی کو رِجھا رہی تھی

وہ چہرہ تھا رائج الوقت سِکّہ
مگر کسی ایسی سلطنت کا جو ہاتھ سے کوئی پل میں نِکلے
بدن کی قوسیں کہ دستِ پرکارِ سال و سِن تھرتھرا کے سنبھلے

مَیں اُس کی ظلماتِ رُوح میں کل پئے سیاحت اُتر پڑا تھا
وہ شور تھا، بھیڑ تھی وہ ریلا
وہ کوئی کُہرام تھا کہ میلا
مَیں محوِ نظّارہ تھا اکیلا
کہ یُوں بھی اَن جان اجنبی تھا، سراپا حیرت بنا کھڑا تھا

پھر اپنی آنکھوں سے مَیں نے دیکھا
قطار اندر قطار پتھر کے بُت کھڑے مُسکرا رہے تھے
وہ دیو داسی بدن چُرائے
لجائے، شرمائے، رَسمسائے

چٹکتی پوروں کا پیار لے کر
کنواری کلیوں کا ہَار لے کر
وہ جب چَرن چھُونے جُھک رہی تھی تو بُت شوالے سے جا رہے تھے

پھر اپنی آنکھوں سے مَیں نے دیکھا
بلور کی ہفت رنگ کے گُڑیا
زمیں پر چھَن سے گر پڑی تھی
وجود کا رِیزہ رِیزہ چُن کر
برہنہ تن بے کفن کھڑی تھی

پتھراؤ کی چو مکھ برکھا میں!

مَیں زخمی زخمی لہو لہو
ہر جنگل ہر آبادی میں
کانٹوں کے نکیلے رستوں پر
پھولوں کی رُوپہلی وادی میں
ہر شہر میں ہر ویرانے میں
ہر شور میں ہر سنّاٹے میں
آواز لگاتا پھرتا ہُوں
کوئی تو خریدار آئے گا
مقتل کی سُنہری چوکھٹ تک
بسمل کا طرفدار آئے گا
اِک آس لیئے اُمید لیئے
دامن میں مہ و خورشید لیئے

پتھراؤ کی چومُکھ برکھا میں
خوابوں کو بچاتا پھرتا ہوں
بے رحم حقیقت مِلتی ہے
میں آنکھ چُراتا پھرتا ہوں

○

اکثر یہ تمنّا جاگی ہے
(گویا میں چہکتا بالک ہوں)
تِتلی کے رنگیں پنکھوں پر
للچائے ہوئے بَن بَن گھوموں
ہر کُنج میں خوشبُو پی پی کر
گُنجار میں بھونروں کی جُھوموں
ہر بھور بھئے ہر سانجھ بھئے
چہکار میں چڑیوں کی ڈولوں
فطرت سا سنگی تو کوئی نہیں
نظروں سا دھنی تو کوئی نہیں
یہ پیڑ یہ پربت یہ ساگر
دھرتی پہ کھلونے رکھے ہیں

○

یہ دریا، پرتیں چاندی کی
اُمرت کے دَونے رکھے ہیں
مَیں امرت پینے رُکتا ہُوں
دریا کے تٹ پر جُھکتا ہُوں
پانی میں کوئی پرچھائیں
پُھنکارتی ہے ڈس جاتی ہے
خوابوں سے مجھے چونکاتی ہے

○

اکثر یہ گُماں ہوتا ہے مجھے
مَیں ایک چمکتا جُگنو ہُوں
شبنم کی ننھی بُوندوں کو
پھُولوں کا گھر دکھلاتا ہُوں
مَیں شب کے اندھیرے سینے میں
نیکی کی کرن بن جاتا ہُوں
جب پَو کی روشنی آتی ہے
پُھنکارتی ہے ڈَس جاتی ہے
خوابوں سے مجھے چونکاتی ہے

○

اکثر یہ گُماں ہوتا ہے مجھے
بُت ساز ہُوں میں ہر پتھر سے
دیرینہ شناسائی ہے مری
چلّاتا ہے کوئی اندر سے
ہر سنگ میں اِک بُت خانہ ہے
جس شئے کو پتھر کہتے ہو
وہ صُورت کا بیعانہ ہے
ہر سنگ سے پھر بُت ڈھلتے ہیں
ہر بُت کو زباں مِل جاتی ہے
مَیں پہروں اُن کی سُنتا ہُوں
خوش ہوتا ہوں سر دُھنتا ہُوں
دُنیا کو مگر فرصت ہی کہاں
آواز مری گھُٹ جاتی ہے
خوابوں سے مجھے چونکاتی ہے

○

داناؤں کی اِس نگری میں
یہ بہکی بہکی کون سُنے

سُر چیخ کی پھانسی پر ہو جہاں
سَر خاموشی پر کون دُھنے
مَیں کِس بستی کا باسی ہوں
کیا کہتا ہُوں کیا سُنتا ہُوں
اِن گیتوں کے کھلیانوں سے
کیوں موتی موتی چُنتا ہُوں
پتھراؤ کی چومُکھ برکھا میں
ہر موتی ٹُوٹتا جاتا ہے
خوابوں سے مجھے چونکاتا ہے

خدا کرے

خدا کرے کہ پلٹ آئیں پھر وہی دن رات
ترے خیال کی خوشبو سے سانس رُکنے لگے
کہ تیرے نام پہ چہرے کا رنگ اُڑ جائے
کہ تیرے ذکر سے پہلوئے ضبط دُکھنے لگے

پھر ایک بار یہ دُنیا تمام دشت بنے
اُتر چلے کسی نشتر کی طرح سنّاٹا
مرے وجود کے پتھر کی طرح سنّاٹا

تری صدا کہیں پردوں سے سایہ سایہ چھنے
سکوتِ شام ہو تیری وفا کو جی ترسے
جلیں لبوں کے کنارے دُعا کو جی ترسے

بارِ دگر

اُتر آئی ہے گہری شام صدیوں کے لبادے میں
شجر خاموش ہیں، سنولا گئی شاخوں کی برنائی
یہ گلشن باعثِ افزائشِ احساسِ تنہائی
میں کب سے چُپ کھڑا ہوں سن رسیدہ پیڑ کے نیچے
غبارِ سرمگیں، سناٹا، رنجِ بے سر و ساماں
یہ آنکھیں انتظارِ کاروانِ گم شدہ جیسے
میں آنے والے یا بیتے دنوں کی چاپ سُنتا ہوں

○

مسلسل جینے جیتے کون تھکتا ہے مگر پھر بھی
کبھی یہ زندگی بیکار سی معلوم ہوتی ہے

قدم اُٹھتے نہیں زنجیرِ ارماں کتنی بھاری ہے
رسنِ آسودگی پر بھی نفس کی آمد و شُد ہے
غرض اِک نشّۂ بے نامِ صہبا ہم پہ طاری ہے
نظر کے سامنے ہیں سینکڑوں رنگین تصویریں
طلسمِ خواب کی دیوار سی معلوم ہوتی ہے
یہ نقشِ زندگانی عارضی کیا، مستقل کیا ہے
یہ دُنیائے جواں شیرازہ بندِ آب و گِل کیا ہے
بدن کی رُوح کی تکرار سی معلوم ہوتی ہے

○

کٹی کچھ پالنے میں چاند سے سرگوشیاں کرتے
سُہانی لوریوں کے رَس میں راتیں رَسمساتی تھیں؛
کبھی گھٹنوں چلے تو تتلیوں کے رنگ پر ریجھے
رسیلے چہچہے چڑیوں کے، بھِن بھِن شوخ بھونروں کی
اَذانیں پَو پھٹے، کوئل کی چہکاریں جگاتی تھیں؛
گھنے باغوں کی سُونی دوپہر میں فاختاؤں کی
صدائیں، اور سنّاٹے کو گہرا کرتی جاتی تھیں؛
کنوئیں کی مینڈھ پر بیلوں کی جوڑی، گھومتی چرخی

وہ تھم تھم کر نشیبوں پر رِدائیں جیسے موتی کی!
وہ سیرابی کہ دل میں کیاریاں پھل پھول لاتی تھیں

○

شکر خوابی سے چونکے، مدرسہ کی گھنٹیاں گونجیں
اندھیری رات میں لفظوں کی معنی ڈھونڈنے نکلے
کتابوں کے ورق، دانش کی لَو، پوروں کی جنبش تھی
غرض اِک آگہی کی منزلِ موہوم تک پہنچے
یہاں تھی دھوپ سر پر اور ہم چھتنار بھول آئے
یہاں تھی تشنگی اور اوک بھر تھا اپنا مشکیزہ
کتابوں میں لکھا تھا کچھ، یہاں کچھ اور ہی دیکھا
کوئی قامت نہ تھا، بے قامتی کے سب سائے
یہی تھی زندگی، اب کون سمجھے کِس کو سمجھائے

○

نِکل آیا ہے پیلا چاند مشرق کے کناروں سے
بُرائیں نُور کی، نکہت کی جیسے چوکیاں اُتریں
گُل و برگ و شجر پر کیفیت ہے نیم خوابی کی
یہ میداں کا دُھندلکا، کاش اُدھر سے قافلہ آئے
"مری تعمیر میں مُضمر ہے اِک صُورت خرابی کی"

مَیں آنے والے یا بیتے دِنوں کی چاپ سُنتا ہُوں
وہ آنے والے دن، بارُود، آتش، زلزلے، نوحے
اگر ہوں گے تو اُن کے پاؤں میں زنجیر پہنا دیں
مجھے بیتے دنوں کا پالنا کب سے بُلاتا ہے
مرا جی چاہتا ہے از سرِ نو زندگی کر لوں

○

نِسیاں، کی عمارتِ شکستہ

نِسیاں کی عمارتِ شکستہ

چُپ چاپ، اُداس، سَر جُھکائے
مبہُوت، خراب حال، گُم سُم
کُہرے کی رِدا میں مُنہ چھُپائے
وقتِ گُزراں کو تک رہی ہے
لمحوں کے بَدن کی رُوح جیسے،
کھنڈروں میں کہیں بھٹک رہی ہے

دالان، سُتون، سقف، زینے
کرتے ہوئے سائیں سائیں جیسے
رہ رہ کے کہیں کوئی پرندہ
بولے تو فضا کی سانس ٹُوٹے

اعضا شکنی سکوتِ شب کی
یہ نیم قمر یہ زرد محراب
سنّاٹے کی تھرتھراہٹوں میں
جھنکاریں ہیں محوِ راحتِ خواب

جب پچھلے پہر ہوا کا جھونکا
سنکے تو دریچے چرچرائیں،
زنجیر کا کرب کسمسائے
پرچھائیاں صف بہ صف نکل آئیں
پرچھائیاں، سُرخ، سبز، نیلی
نارنجی، سیہ، سفید، پیلی
دُھندلاہٹیں، سوچ، ہُو کا عالم
سب شہر و دیار لُٹ گئے ہیں،
کِس طرح ہوئے صدا بہ صحرا
وہ لوگ جو مجھ سے چھُٹ گئے ہیں!

○

ظُلمات٭

یہ شب سکوت، کے گُنبد کی سرسراہٹ سی
سیاہ پوش ہیں، آسیب کی لَویں جیسے
دھمک سی خوف کی، پرچھائیوں کی آہَٹ سی
کراہتی ہوئی بے خانماں اَبابیلیں
کہ جیسے مَوت کے شہپر کی پھڑ پھڑاہَٹ سی
دریچے کتبوں کے مانند، بے زباں گُم سُم
فضا اُداس، مکیں مُضطرب، مکاں گُم سُم

یہ اہلِ شہر ہیں لَب بستہ، پا بہ گِل، مَبہُوت
کھڑے ہیں راندۂ درگاہِ خیر و شر کی طرح
دِلوں کے طاق پہ شمعوں کی لَو بڑھائے ہوئے
سیہ نصیب نہیں ہیں، یہ اپنے گھر کی طرح

٭ ہند و پاک کے اربابِ اقتدار کے نام

کوئی نہیں شبِ مقتل میں بولنے والا
دِلوں کا ساتواں دَروازہ کھولنے والا
دِلوں میں نوُر ہے، جُگنو ہیں، پھُلجھڑی جیسے
جڑی ہے کاہکشاں کی کوئی لَڑی جیسے
دِلوں میں قافِ طلسمات، سحر، جادُو ہے
دِلوں میں ریت کے ٹیلے ہیں، چشمِ آہُو ہے
دِلوں کے کوچے میں شہنائیوں کے لہرے ہیں
دِلوں کے رنگ ہیں جتنے، تمام گہرے ہیں
دِلوں میں بجتے منجیرے، کھنکتے گھُنگھرُو ہیں
دِلوں میں غم کے تبسّم، خوشی کے آنسُو ہیں
گجر کی گوُنج، شعاعیں، رمیدہ خُوشاہیں
طُلوعِ مہر، چکاچوند، چاند کی قاشیں
فرازِ آب کہیں ہے، کہیں نشیبِ سَراب
چمکتے جاتے ہیں بیداریوں کے روشن خواب
دِلوں کا عرصۂ لالہ فشاں یہ کہتا ہے
ہزار بیج زمیں کی پَرت میں آسُودہ
نہالِ سبز پہ تُلنے کے انتظار میں ہیں
دِلوں کے تخت کا سُہانا سماں یہ کہتا ہے

سفینے بادباں کھلنے کے انتظار میں ہیں
صدف امانتِ پہلو سے بے بہا جیسے
گہر نگاہ پہ رُلنے کے انتظار میں ہیں

دلوں میں آتشِ گل ہے، دُخان و دُود نہیں
کہ رنگِ سُرخ لہو ہی نہیں حنا بھی ہے
کہاں سمجھتے ہیں دلدادگانِ ظلمتِ شب،
فروغِ حُسنِ سیہ چشمِ سُرمہ سا بھی ہے
اب اُن سے کیا کہیں جو شہ رگِ شفق کاٹیں
اب اُن سے کیا کہیں جو چاندنی میں بس بوئیں
اُتارتے ہوں جو خنجر گلوئے نغمہ میں،
وہ پچھلی رات کا سنگیت سُن کے کیوں روئیں
اب اُن سے کیا کہیں عُمرِ دو روزہ کیا شئے ہے
بدلنے لگتے ہیں پل بھر میں کوکبِ آفاق
کبھی تو لمحوں میں صدیاں گُذرنے لگتی ہیں
خیال و خواب کے پردوں پہ عکس پڑتے ہیں
وہ کون صُورتیں ہیں کیوں اُبھرنے لگتی ہیں
اب اُن سے کیا کہیں عُمرِ دو روزہ کیا شئے ہے

جُھکے نگاہ تو کِس طرح نُور چھنتا ہے
بجے کلائی تو جھنکار کیسی ہوتی ہے
کسی حبیب کا، شانے پہ لمسِ نرم ہے کیا
کسی پڑوس کی دیوار کیسی ہوتی ہے

اب اُن سے کیا کہیں عُمرِ دوروزہ کیا شَے ہے
بنے نہ دانۂ تسبیح پاؤں کی زنجیر
کتابِ نُور کا جُزداں کہیں کفن نہ بنے
طلسم کاریٔ زُنّار خوب ہے لیکن
گلُو کے حق میں کہیں حلقۂ رسن نہ بنے!

○

غزل

اِک آگ ہے کہ جو ڈھلتی ہے آبگینے میں

○

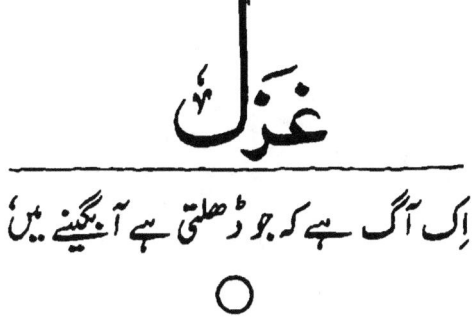

○

چلے طائر اُڑ کے پسِ شفق، ہے اُداس رُخِ اُفق
کہ بیَاضِ شام کا ہر وَرق، تِری داستانِ دراز ہے!

○

○

آبلہ پائی سے ویرانہ مہک جاتا ہے
کون پھولوں سے مرا راستہ ڈھک جاتا ہے

مصلحت کہتی ہے وہ آئے تو کیوں آئے یہاں
دل کا یہ حال، ہر آہٹ پہ دھڑک جاتا ہے

کیا سرِ شام نہ لوٹوں گا نشیمن کی طرف!
کیا اندھیرا ہو تو جگنو بھی بھٹک جاتا ہے

ایک دیوانہ بھٹکتا ہے بگولا بن کر
ایک آہو کسی وادی میں ٹھٹھک جاتا ہے

کوئی آواز کہیں گونج کے رہ جاتی ہے
کوئی آنسو کسی عارض پہ ڈھلک جاتا ہے

قافلہ عُمر کا پیہم سفر آمادہ سہی
شجرِ سایہ فگن دیکھ کے تھک جاتا ہے

شاذؔ اس کوششِ تمکیں پہ بہت ناز نہ کر!
یہ چراغ تہِ داماں بھی بھڑک جاتا ہے

○

ہر قافلہ سے رابطۂ مختصر رہا
مَیں مُدّتوں غُبارِ سرِ رہ گُذر رہا

مانا کہ گفتگو میں نہ تھا حسرتوں کا رنگ
لہجے پہ تیرے غم کا برابر اثر رہا

ہر راستے پہ جیسے بھٹک سا گیا ہُوں مَیں
ہر راستے پہ کیوں ترے مِلنے کا ڈر رہا

کیا کیا خیال صُبح سے آتے ہیں خیر ہو
وہ چہرہ میری آنکھوں میں کیوں رات بھر رہا

کِس دل سے ہم نے چھوڑ دیا شہرِ آرزُو
دشمن بھی تھوڑی دُور رفیقِ سفر رہا

O

زندگی ہم نے گذاری تو کہاں گذری ہے
کچھ نہ کچھ بات طبیعت پہ گراں گذری ہے

گھر وہ تاریک خرابہ ہے کہ جی ڈرتا ہے
اپنے محبوب کی آمد بھی گراں گذری ہے

اتنی ہلچل تہِ گرداب نہیں ہوتی تھی
پھر مرے سر سے کوئی موجِ رواں گذری ہے

یوں نہیں آئے ہیں یہ صبر و سکوں کے انداز
عمر گذری ہے تو آنکھوں سے نہاں گذری ہے

سنگدل تھے کہ پلٹ کر بھی نہ دیکھا ہم نے
بارہا راہ میں شیشہ کی دکاں گذری ہے

وضع داری نے کبھی چین سے رہنے نہ دیا
ایک ہی پہلو سے گذری ہے جہاں گذری ہے

ٹوٹ کر رہ گئی سینہ میں کہیں نوکِ ہلال
بڑی تکلیف سے عیدِ رمضاں گذری ہے

○

ملیں مختاریاں اے کاش ہم مجبُور ہو جاتے
بھلا تھا تم قریب آنے سے پہلے دُور ہو جاتے

خیالِ ہمنشیں تُو نے نگوں ساری عطا کردی
جمالِ ہمنشیں پاتے تو ہم مغرُور ہو جاتے

شریکِ ہر نفس یک آرزوئے مرگ ہے ورنہ
مرے سارے چراغ اے زندگی بے نُور ہو جاتے

وصال اِک عیشِ غم تھا دُوریِ قُربت نُما کیا تھی
یہ ایسے زخم تھے جو بھر کے بھی ناسُور ہو جاتے

سرِ دریائے بے تابی وہ منظر یاد ہے اب تک
کہ ساحل تک سفینے آتے آتے دُور ہو جاتے

تری شانِ عطا کی خیر سائل کی صدا سُنتا
کہ یُوں بھی کاسہ ہائے چشم تھے معمُور ہو جاتے

○

احساں ترا مجھ پر دلِ ناکام بہت ہے
اِک گوشۂ تنہائی ہے آرام بہت ہے

اس طرح نہ تڑپا مجھے اے رخصتِ خورشید
یادوں کے لئے سلسلۂ شام بہت ہے

حد ہے تری آواز سُنائی نہیں دیتی !
شاید کہ مری رُوح میں کہرام بہت ہے

مَیں توڑتا جاتا ہوں عقیدوں کے حصار آج
تم ساتھ رہو ظُلمتِ اوہام بہت ہے

گیسو سے سرِ ناخنِ پا تک کی حکایت
کیوں چھیڑیئے دُنیے کو فقط نام بہت ہے

ہر سنگ ہے مسجُودِ نظر شاذؔ کے حق میں
دل خُوں شُدۂ حسرتِ اصنام بہت ہے

۱۲۴ بیاضِ شام

مَیں کہ آماجگہِ حُسن رہا تھا کچھ دن
آنکھیں کھوئی ہیں تو دیکھا ہے تماشا کچھ دن

اب کہیں جا کے ذرا آنکھ لگی ہے شائد
دلِ معصُوم بہت ٹُوٹ کے رویا کچھ دن

خُوب رو لوں گا، تڑپ لوں گا پلٹ آؤں گا
شہر سے دُور نکل جاؤں گا تنہا کچھ دن

لاکھڑا کرتا تھا ہر روز دوراہے پہ مجھے
کیا رُلاتا تھا ترے مِلنے کا وعدہ کچھ دن

کیسا یاد آتا تھا اِک ایک تیرا خطِ بدن
کیسا پھرتا تھا نگاہوں میں سراپا کچھ دن

کوئی جینے کا تصوّر ہی نہ تھا تیرے بغیر
مَیں نے مَرنے کے تعلق سے بھی سوچا کچھ دن

دیکھتے دیکھتے برسوں کی رفاقت چھُوٹی
یُوں بھُلا بیٹھے بہم ساتھ تھے گویا کچھ دن

ٹوٹ کر بھی مری اُمید نہ ٹوٹی تھی ابھی!
تیرے چھٹنے کا یقیں تک بھی نہ آیا کچھ دن

یُوں نہ اوجھل ہو ڈرتا ہوں کہ گھبرا جاؤں
میرے نزدیک نہ آ دُور سے ترسا کچھ دن

تُو نے مارا مجھے اے ذوقِ شتابی ورنہ
مَیں نہ مرتا ابھی اے عہدِ تمنّا کچھ دن

فقط اِک سِلسلۂ وہم و گماں ہے یارب
تیری دُنیا کو بہت غور سے دیکھا کچھ دن

ان دِنوں شاذ کا عالم نہیں دیکھا تُو نے
ایک دھوکا ہی دے اُس کو دلاسہ کچھ دن

○

خود کو ناکردہ گناہوں کی سزا دیں کیوں کر
بس یہی ضد کہ جوانی کو گنوا دیں کیوں کر

اب تری یاد بھی آتی ہے تو احساں کی طرح
یا کبھی سوچتے رہتے تھے بھلا دیں کیوں کر

تا بجھے یہ نفسِ سرد، یہ خاکسترِ جاں
بے دَر و بام ہے گھر آگ لگا دیں کیوں کر

دامنِ ضبط چھٹا جاتا ہے اے پردہ نشیں
غمگساروں کو ترا نام بتا دیں کیوں کر

اِتنا مجبور نہ کر اے غمِ حالات ہمیں
یوں سرِ عام بھلا سر کو جھکا دیں کیوں کر

شوخ تر ہونے لگا رنگِ قبا، نامِ خدا
اب تجھے تیری نگاہوں سے چھپا دیں کیوں کر

دیں تو کس طرح بھلا دادِ حنائے ناخن
شوقِ آرائشِ گیسو کو ہوا دیں کیوں کر

لَو نہ یوں تیز کرو آکے سرہانے ہر رات
رنجِ ہر صبح کہ یہ شمع بجھا دیں کیوں کر

دیکھیں اُن نیند بھری آنکھوں کا عالم اے شاذؔ
اُس کو آواز دیں، کس طرح جگا دیں کیوں کر

نفس نفس ہے ترے غم سے چُور چُور اب تک
نہ شام ہے نہ سویرا قریب و دُور اب تک

سُنی سُنائی پہ مت جا ذرا قریب تو آ
سزا نہ دے کہ محبت ہے بے قصور اب تک

مچل رہی ہے کہیں جُوئے شیر اے فرہاد
کلیمِ حُسن تو ہی جل رہا ہے طُور اب تک

مرے خدا میں کہاں جاؤں کس طرف ڈھونڈوں
مجھے پکار رہا ہے کوئی ضرور اب تک

نہ تُو مرا نہ تری ہم نشینیاں میری
بھَرم ہے جس کو سمجھتے ہیں سب غرور اب تک

اِدھر وفورِ محبت، اُدھر مُروّت تھی
جو کچھ کہا تھا، بھُلانے ترے حضور اب تک

چلا گیا ہے مکیں چھوڑ کر مکاں اپنا!
کوئی نہیں ہے مگر چھَن رہا ہے نُور اب تک

وہ ایک حادثہ رُوح و دِل کہ بیت گیا
جسے نہ مان سکا شاذ کا شعور اب تک

○

ہم شاید کچھ ڈھونڈ رہے تھے، یاد آیا تو روتے ھیں
تازہ تازہ اس کو کھو کر جانے کیا کیا کھوتے ھیں

ایک طرف یہ دُنیا داری ایک طرف وہ خلوتِ غم
دُنیا والو ہر محفل میں دیکھو ہم بھی ہوتے ھیں

پہلی کرن کا دھڑکا کیا کیا دِل کو مسلتا جائے ہے
بھور بھئے جب کُنج میں غنچے مُنہ شبنم سے دھوتے ھیں

تجھ کو ترے گُل پھُول مبارک یاں ضِد ٹھہری جینے سے
ہم تو اپنی راہ میں پیارے چُن چُن کانٹے بوتے ھیں

تیرے دُکھ سُکھ تُو ہی جانے، ہم نے بس اِتنا جانا ہے
تجھ سے پہلے جاگ اُٹھتے ہیں تیرے بعد ہی سوتے ھیں

سیج کو سُونا کر گئے خُوباں، شکن شکن فریاد کرے
پہلو پہلو چونک اُٹھے ہم کروٹ کروٹ روتے ھیں

اُس نے باغ سے جاتے جاتے موسمِ گُل بھی باندھ لیا
شاذؔ کو دیکھو دیوانے ہیں، بیٹھے ھار پروتے ہیں

کوئی اُمید کی صورت کوئی وعدہ کوئی آس
دینے والے نے دیا کتنے برس کا بن باس
دُور تک ڈھونڈتا جاؤں گا ترے نقشِ قدم
دُور تک سلسلۂ دشتِ تمنّا ہے اُداس
غرقِ دریا کیا اربابِ کرم نے مجھ کو
چشمۂ ریگِ رَواں تُو نے جگائی تھی یہ پیاس
زندگی ایک نیستاں کے سوا کچھ بھی نہیں
کون پہنائے مرے شعلۂ عُریاں کو لباس
اُس نے پوچھا بھی نہیں مجھ سے نہ ملنے کا سبب
جس نے ملنے ہی پہ رکھی تھی محبت کی اَساس
گرہِ دل ہے کھُلی ہے تو رَسن کی صورت
اے گلو رشکِ یقیں تھا مرے ناخن کا قیاس
شاذؔ بڑھ جائے نہ شائستگیِ کام و دَہن
ڈر رہا ہوں کہ کہیں زہر ہی آ جائے نہ راس

○

جفا آسودہ و فرقت شناسا کر دیا تُو نے
خبر بھی ہے تجھے اے بے خبر کیا کر دیا تُو نے

شروعِ عشق کے قصّے بُھلا بیٹھے تھے ہم دل سے
مآلِ عشق پر ان سب کو تازہ کر دیا تُو نے

تری اُمید پر کیا کیا ادھورے کام چھوڑے تھے
ہجومِ دفترِ حسرت میں تنہا کر دیا تُو نے

وہ کیا ریلا تھا کیونکر ہاتھ چھوٹے کس کو سمجھاؤں
بھرے میلے میں دُنیا کے اکیلا کر دیا تُو نے

مری کھوئی ہوئی باتیں ترے غم کی مُنا جاتیں
مرے پندار کو عجزِ سراپا کر دیا تُو نے

مری آواز آئی یا تری زنجیرِ دَر گُونجی
مری خاموشیوں کو بھی تقاضا کر دیا تُو نے

مرے اشعار کو خاموشی و سنجیدگی دے دی
مرے نغموں کو پچھلے کا دھندلکا کر دیا تُو نے

کہاں جاؤں مجھے پہچاننے والا نہیں کوئی
ہر آئینہ کے آگے جیسے رُسوا کر دیا تُو نے

مَیں تیرے واسطے دُنیا کو ٹھکراتا رہا برسوں
جسے ٹھکرا دیا تھا کیوں اُسی کا کر دیا تُو نے

پَرائے آج اپنے ہو گئے تیری نگاہوں میں
مجھے اپنا سمجھ کر کیوں پَرایا کر دیا تُو نے

چُراتا پھر رہا ہوں اپنی آنکھیں غمگُساروں سے
کچھ ایسا لگ رہا ہے مجھ کو جھُوٹا کر دیا تُو نے

لکیر اِک کھینچ دی مَیں نے مقدّر کے نوشتے پر
جلی حرفِ محبت کو شکستہ کر دیا تُو نے

سحر کا خوف، دن کا وسوسہ، شب کی گراں جانی
کہ یُوں مَر مَر کے جینا میرا حِصّہ کر دیا تُو نے

کڑے کوسوں بھی تیری یاد کا دامن نہیں چھُوٹا
کہ خوشبُوئے وفا کو دشت پیما کر دیا تُو نے

خراش اِک چیخ کی جس طرح سنّاٹے کے چہرے پر
کچھ ایسا ہی مِرا حالِ تمنّا کر دیا تُو نے

تِرا دامن گُلستاں ہو کہ مدفن شاذ کے حق میں
بہر صُورت مجھے اشکِ چکیدہ کر دیا تُو نے

○

وہ کون دَیر نشیں تھا حَرم کے گوشے میں
کسی کی یاد تھی یادِ خُدا کے پردے میں

کہیں تو کس سے کہیں چُپ سی لگ گئی ہے ہمیں
بڑا سکوں ہے تری بے رُخی کے صَدقے میں

دِکھا دِکھا کے جَھلک کوئی چُھپتا جاتا تھا
کہاں کہاں نہ صَدا دی کسی کے دھوکے میں

خبر نہیں کہ تری یاد کیا ترا غم کیا
مگر وہ دَرد جو ہوتا ہے سانس لینے میں

ترے فراق کی یہ دین بھی قیامت ہے
کہاں کی آگ سمو دی ہے میرے نغمے میں

چلی تھی کشتیِ دل بادبانِ یاد کے ساتھ
کہاں اُتار گئی اجنبی جزیرے میں

وہ آدھی رات، وہ سنسان راستہ، وہ مکاں
وہ ایک شمع سی جلتی ہوئی دریچے میں

نشیبِ وادیِ غم میں اُتر گیا ہے کوئی
کھڑا ہُوا ہے کوئی آج تک جھروکے میں

حیات کیا ہے اَجل کو بھی ہار بیٹھے شاذؔ
کہیں کے بھی نہ رہے نقدِ دل کے سودے میں

○

پھر فریبِ آرزو کا حوصلہ پاتے ہیں ہم
اب کسی کو رفتہ رفتہ بھولتے جاتے ہیں ہم

خوفِ گلچیں تک نہیں مانا خزاں کے پھول ہیں
اپنے کھلنے کی سزا پائی کہ مرجھاتے ہیں ہم

روز وحشت کا تقاضا ہے کہ صحرا کو چلیں
روز اپنے آپ کو زنجیر پہناتے ہیں ہم

زندگانی کو فنا آسودگی کے واسطے
تُو نے ترسایا نہ ہوگا جتنا ترساتے ہیں ہم

دشتِ بے آب دگیاہِ زندگی میں چار سُو
ایک دیوارِ ہَوا ہے سر کو ٹکراتے ہیں ہم

اب سُنا ہے کوئی خالی ہاتھ پھرتا ہی نہیں
دینے والے تجھ کو شاید یاد آجاتے ہیں ہم

تیری نشہ پا کر کوئی تجھ سے گِلہ کرتا رہا
اب گِلہ کرتے ہوئے خود کو سُبک پاتے ہیں ہم

شاذؔ کچھ ہو اِک نہ اِک حرفِ تسلّی چاہیئے
صُحبتِ ناصح سے بھی اب جی کو بہلاتے ہیں ہم

نیاز و ناز کی راحت رسانی یاد آتی ہے
وہ اپنا حال تیری ترجمانی یاد آتی ہے

اچانک جیسے اِک دُنیا سے رشتہ ٹُوٹ جاتا ہے
وہ عالم کیا کہوں جب ناگہانی یاد آتی ہے

نہ پُوچھو کِس لئے کُوچہ بہ کُوچہ دَر بَدر ہُوں مَیں
مجھے گھر میں کسی کی میہمانی یاد آتی ہے

شفق کی سیڑھیوں سے دِن چلا ہے شام رَوتی ہے
یہ منظر دیکھ کر کیوں اِک پُرانی یاد آتی ہے

یہ مہر و ماہ جیسے روشنی کی یادگاریں ہیں
تری چھوڑی ہوئی اِک اِک نشانی یاد آتی ہے

تو برہم تھا مگر تیری نگاہیں جھکتی جاتی تھیں
تری تہذیب تیری سرگرانی یاد آتی ہے

مرے خوابِ تمنّا کے سرہانے کس کی آہٹ تھی
کسی تعبیرِ غم کی پاسبانی یاد آتی ہے

وفا کے مرحلے میں کوئی بدلا ہے نہ بدلے گا
ہنسی آتی ہے اپنی خوش گمانی یاد آتی ہے

خدا شاہد ہے تیرے غم سے جب آنکھیں رلاتا ہوں
مجھے اُس وقت اپنی سخت جانی یاد آتی ہے

مرے نغموں نے پائی شاذؔ شہرت بے وطن ہوکر
مجھے اہلِ وطن کی قدردانی یاد آتی ہے

○

کون دیتا رہا صحرا میں صدا میری طرح
آج تنہا ہوں مگر کوئی تو تھا میری طرح

کوئی ملتا ہے کسی سے تو لرز اٹھتا ہوں
کہ وہ ہو جائے نہ رو رو کے جُدا میری طرح

سایہ منّت کشِ قامت بھی نہیں ہے یارب
مَیں نے دیکھا ہے مگر سب کو دِکھا میری طرح

اُس کی وحشت کا بھلا کس کو یقیں آئے گا
مُدتوں اُس نے بھی دامن نہ سِیا میری طرح

صُبح کا بھُولا سرِ شام پلٹ آئے گا
آج تک اُس کو بھی یہ وہم ہے کیا میری طرح

مَیں تری راہ میں پامال ہُوا جاتا ہُوں !
مِٹ نہ جائے ترا نقشِ کفِ پا میری طرح

مَیں ہی تنہا ہوں فقط تیری بھری دُنیا میں
اور بھی لوگ ہیں کیا میرے خُدا میری طرح

کِس کو حاصل ہے تری چشمِ حیا کے آگے
منصبِ سلسلۂ جُرم و خطا میری طرح

رنگِ اربابِ رضا پیشہ مُبارک ہو تجھے
کوئی ہوتا ہی نہیں تجھ سے خفا میری طرح

آشنا کون ہے نقشِ قدمِ نکہت کا
یاد کِس کو ہے ترے گھر کا پتہ میری طرح

شاذؔ تارا نہیں ٹُوٹا کوئی دِل ٹُوٹا ہے
راہ تکتا تھا شبِ غم کوئی کیا میری طرح

○

دِل شکستہ ہوئے ٹوٹا ہُوا پیمان بنے
ہم وہی ہیں جو تمہیں دیکھ کے انجان بنے

چند یادیں مری زنجیرِ شب و روز بنیں
چند لمحے مرے کھوئے ہوئے اَوسان بنے

وہ بھی کیا فصل تھی کیا شعلۂ خرمن تھا بلند
وہ بھی کیا دِن تھے کہ دامن سے گریبان بنے

اُن کی دُوری کا بھی احساں ہے مری سانسوں پر
مجھ سے اِس طرح وہ بچھڑے کہ رَگِ جان بنے

اہلِ ساحل سے ندامت سی ندامت ہے کہ ہم
ایک کشتیٔ تہِ آب کا ساماں بنے

ہائے کیا آس تھی کیا کیا نہ تمہیں بننا تھا
تم بنے بھی تو مرے درد کی پہچان بنے

گھر سجانا تو کجا شاذؔ لٹا بھی نہ سکوں
اُن سے شکوہ ہے کہ وہ کیوں مرے مہمان بنے

○

اِک جنسِ وفا پر ہیں سُبکسار سے اب تک
کیا کیا نہ تقاضے ہیں خریدار سے اب تک

سُنسان جزیروں کا پتہ دیتی ہے مجھ کو
چھنتی ہوئی کچھ چاندنی اشجار سے اب تک

جیسے مری سانسوں میں ہے سنّاٹے کی پُھنکار
اندازہ نہیں ہوتا ہے گفتار سے اب تک

نغمہ سے تری یاد کا رشتہ نہیں ٹُوٹا
دِل ڈُوبتا ہے ساز کی جھنکار سے اب تک

احسانِ مصوّر ہے مرے دیدۂ نم پر
تصویر تری تکتی ہے کس پیار سے اب تک

کب سے تجھے روتا ہوں طبیعت نہیں ٹھہری
اُترا نہیں تو درد کے معیار سے اب تک

اشعار جنھیں مجھ سے کہلوائے تھے اُس نے
شاذؔ آنکھ چُراتا ہوں اُن اشعار سے اب تک

شاذ تمکنت

نگہِ تصوّرِ عشق اب تری حیرتیں بھی نہیں رہیں
کسی آئینہ سے گِلہ نہیں کہ وہ صُورتیں بھی نہیں رہیں

مرے دل کو بھی کبھی خوف تھا کہیں راہ میں نہ ہو سامنا
مگر آج کوئی مِلا تو کیا وہ ندامتیں بھی نہیں رہیں

یہ ستم یہ جَور یہ روز و شب، مجھے ہو چلے ہیں قبول سب
ترے بعد شیشۂ دل کی اب وہ نزاکتیں بھی نہیں رہیں

کہیں تجھ سے اپنی، تری سُنیں، کبھی آپ اپنے پہ بھی ہنسیں،
کہیں بیٹھ کر کبھی رو بھی لیں، یہ فراغتیں بھی نہیں رہیں

کوئی مَر کے جی اُٹھا بارہا، کبھی جیتے جی ہی گُذر گیا
مگر اب نہ جانے یہ کیا ہُوا کہ یہ عادتیں بھی نہیں رہیں

کوئی پھر سے شہر میں آ بسا نہیں مجھ میں دید کا حوصلہ
مری بے بسی کوئی دیکھتا کہ مسافتیں بھی نہیں رہیں

ہو یقیں تو کوئی کرے بیاں، سُنے کون شاذؔ یہ داستاں،
ہمیں جن پہ جھُوٹ کا تھا گُماں وہ صداقتیں بھی نہیں رہیں،

بڑے خلوص سے دامن پسارتا ہے کوئی
خدا کو جیسے زمیں پر اُتارتا ہے کوئی

نہ پُوچھ کیا ترے ملنے کی آس ہوتی ہے
کہاں گُذرتی ہے کیسے گُذارتا ہے کوئی

بجا ہے شرطِ وفا شرطِ زندگی بھی تو ہو
بچا سکے تو بچا لے کہ ہارتا ہے کوئی

وہ کون شخص ہے کیا نام ہے خدا جانے
اندھیری رات ہے کس کو پُکارتا ہے کوئی

تمام عشق کی جاگیر ہو گئی دُنیا
تری نگاہ پہ دُنیا کو وارتا ہے کوئی

چراغ رکھ کے سرِ شام دل کے زینہ پر
مجھے خبر نہیں ہوتی سِدھارتا ہے کوئی

یہ سر کا بوجھ نہیں دل کا بوجھ ہے اے شاذ!
کہاں اُترتا ہے لیکن اُتارتا ہے کوئی!

وفا کی رسم اُٹھا دیتے، عمارت دل کی ڈھا دیتے
نہ ملتے تم تو ہم اِس شہر کو صحرا بنا دیتے
خطا کو خواہشِ بارِ دگر کا حوصلہ دیتے
قیامت ہے تمہارا بخش دینا کچھ سزا دیتے
تمہارے پاس تھی تحریرِ بختِ نارسا اپنی
تمہارے بس میں تھا ترمیم کرتے یا مٹا دیتے
گدائے آخرِ شب تھے تہی کاسہ پھرے برسوں
کوئی ملتا تو ہم اہلِ کرم کا واسطہ دیتے
تُو آیا ہی نہیں اِس خانۂ تیرہ سے گھبرا کر
ہماری سادہ لوحی پر یقیں کر، گھر جلا دیتے
مزاجِ اسکندری، قسمت ایازی لے کے آئے تھے
کہاں ممکن تھا دستِ سنگ میں ہم آئینہ دیتے

○

مرے نصیب نے جب مجھ سے انتقام لیا
کہاں کہاں تری یادوں نے ہاتھ تھام لیا
فضا کی آنکھ بھر آئی ہَوا کا رنگ اُڑا
سکوتِ شام نے چپکے سے تیرا نام لیا
وہ مَیں نہیں تھا کہ اِک حرف بھی نہ کہہ پایا
وہ بے بسی تھی کہ جس نے ترا سلام لیا
ہر اِک خوشی نے ترے غم کی آبرو رکھ لی
ہر اک خوشی سے ترے غم نے انتقام لیا
وہ معرکہ تھا کہ فتح و شکست بھی نہ ملی
نہ جانے شاذؔ نے کس مصلحت سے کام لیا

○

بنا حُسنِ تکلّم، حُسنِ ظن آہستہ آہستہ
بہر صورت کھُلا اِک کم سخن آہستہ آہستہ

مسافر راہ میں ہے شام گہری ہوتی جاتی ہے
سُلگتا ہے تری یادوں کا بَن آہستہ آہستہ

دُھواں دل سے اُٹھے چہرہ تک آئے نور ہو جائے
بڑی مشکل سے آتا ہے یہ فن آہستہ آہستہ

ق

ابھی تو سنگِ طفلاں کا ہدف بننا ہے کوچوں میں
کہ راس آتا ہے یہ دیوانہ پَن آہستہ آہستہ

ابھی تو امتحانِ آبلہ پا ہے بیاباں میں
بنیں گے کُنجِ گُل دشت و دَمن آہستہ آہستہ

ابھی کیوں کر کہوں زیرِ نقابِ سرنگیں کیا ہے
بدلتا ہے زمانے کا چلن آہستہ آہستہ

مَیں اہلِ انجمن کی خلوتِ دل کا مغنّی ہوں
مجھے پہچان لے گی انجمن آہستہ آہستہ

دلِ ہر سنگ گویا شمعِ محرابِ تمنّا ہے
اثر کرتی ہے ضربِ کوہکن آہستہ آہستہ

کسی کافر کی شوخی نے کہلوائی غزل مجھ سے
کُھلے گا شاذؔ اب رنگِ سُخن آہستہ آہستہ

○

تری نظر سببِ تشنگی نہ بن جائے
کہیں شراب مری زندگی نہ بن جائے

کبھی کبھی تو اندھیرا بھی خوبصورت ہے
ترا خیال کہیں روشنی نہ بن جائے

بھڑک نہ جائے کہیں شمعِ علم و دانش بھی
جنوں جنوں ہی رہے، آگہی نہ بن جائے

میں ڈر رہا ہوں کہاں تیرا سامنا ہوگا
ترا وجود ہی میری کمی نہ بن جائے

ترے بغیر زمانے کو مُنہ دِکھا نہ سکوں
یہ زندگی کہیں شرمندگی نہ بَن جائے

جہاں میں ہے کہ کمیں گاہ میں خُدا جانے
اب اِس قدر بھی سُبک آدمی نہ بَن جائے

یہ وہم دِل کو ستاتا ہے رُوبرو تیرے
یہ تری دید کہیں آخری نہ بَن جائے

طرب کی بزم میں کم کم فسُردگی اے شاذؔ
کہیں مزاج کی اُفتاد ہی نہ بَن جائے

○

نہ محفل ایسی ہوتی ہے نہ خلوت ایسی ہوتی ہے
مرے معبود، کیا جینے کی صورت ایسی ہوتی ہے

بس اِک کیفیتِ خود رفتگی تنہائیاں اپنی
ہمیں ملتی ہے فرصت بھی تو فرصت ایسی ہوتی ہے

یہ دُنیا بسر رنگینیوں میں ڈوب جاتی ہے
تری قامت کی ہر شئے میں شباہت ایسی ہوتی ہے

در و دیوار پر بس ایک سنّاٹے کی رونق ہے
مرے مہماں سے پُوچھو گھر کی جنّت ایسی ہوتی ہے

کہاں اپنی سیہ کاری کہاں یہ تیری معصومی
تجھے دیکھا نہیں جاتا ندامت ایسی ہوتی ہے

کوئی دیکھے تجھے تو از سرِ نو زندگی مانگے
روایت جھوٹ ہے قاتل کی صورت ایسی ہوتی ہے

بہ مجبوری محبت بھیک جیسی بھی گوارا ہے
کبھی دن رات کو تیری ضرورت ایسی ہوتی ہے

بچھڑ کر تجھ سے ملنے کی مسرت بھول جاتا ہوں
کہ مل کر پھر بچھڑنے کی اذیت ایسی ہوتی ہے

اُٹھے اذن و اجازت سے مگر رُکنا پڑا پہروں
کہ شاذؔ اُس آنکھ کی اذن و اجازت ایسی ہوتی ہے

○

کیا کروں رنج گوارا نہ خوشی راس مجھے
جینے دے گی نہ مری شدّتِ احساس مجھے

اِس طرح بھی تری دُوری میں کٹے ہیں کچھ دِن
ہنس پڑا ہوں تو ہوا جرم کا احساس مجھے

ہم نے اِک دوسرے کو پُرسۂ فرقت نہ دیا
میری خاطر تھی تجھے اور ترا پاس مجھے

ایک ٹھہرا ہوا دریا ہے مری آنکھوں میں
کن سرابوں میں ڈبوتی ہے تری پیاس مجھے

جیسے پہلوئے طرب میں کوئی نشتر رکھ دے
آج تک یاد ہے تیری نگہِ یاس، مجھے

ریزہ ریزہ ہُوا جاتا ہے مرا سنگِ وجود
یُوں صَدا دے نہ پسِ پردۂ انفاس مجھے

شاخ سے برگِ چکیدہ کا تقاضا جیسے
کچھ اسی طرح ابھی تک ہے ترِی آس مجھے

رُوح کے دشت میں اِک ہُو کا سَماں ہے اے شاذؔ
دے گیا کون بھرے شہر میں بَن باس، مجھے

کیا قیامت ہے کہ اِک شخص کا ہو بھی نہ سکوں
زندگی کون سی دولت ہے کہ کھو بھی نہ سکوں

گھر سے نکلوں تو بھرے شہر کے ہنگامے ہیں
مَیں وہ مجبُور تری یاد میں رو بھی نہ سکوں

دِن کے پہلُو سے لگا رہتا ہے اندیشۂ شام
صُبح کے خوف سے نیند آئے تو سو بھی نہ سکوں

ختم ہوتا ہی نہیں سلسلۂ موجِ سراب
پار اُتر بھی نہ سکوں، ناؤ ڈبو بھی نہ سکوں

شاذؔ معلوم ہُوا عجزِ بیانی کیا ہے
دِل میں وہ آگ ہے لفظوں میں سمو بھی نہ سکوں

○

زندگی کو اِک دُعائے کارگر سمجھا تھا مَیں
وہ ترا دَر تھا جسے بابِ اثر سمجھا تھا مَیں

میکدہ بھی اب حصارِ خود فراموشی نہیں
نشّۂ جام و سُبو کو معتبر سمجھا تھا مَیں

مُدتوں رویا ہُوں قحطِ آستینِ دوست پر
دشت کو شائد رہینِ بام و دَر سمجھا تھا مَیں

چُھپ گیا کوئی مگر آنکھوں میں بس کر رہ گیا
حُسنِ یزداں تھا جسے حُسنِ بشر سمجھا تھا مَیں

نیند میں جس طرح تکمیلِ نشاطِ آرزُو
حسرتِ تعمیر کو یُوں اپنا گھر سمجھا تھا مَیں

اِک نگاہِ واپسیں کچھ دُور آ کر رہ گئی!
اُس کو بھی منجملۂ رختِ سفر سمجھا تھا مَیں

وقت نے سمجھا دیا مفہُومِ حرفِ آرزُو
کِس کو سمجھاؤں بہ اندازِ دِگر سمجھا تھا مَیں

سِلسلۂ تارِ نفس کا جانے کب ٹُوٹے گا شاذؔ
اُس سے چُھٹ کر زندگی کو مختصر سمجھا تھا مَیں

پھر وہی نکہتِ بادِ سحری کیسی ہے
دِل دُکھا جاتا ہے یہ خوش خبری کیسی ہے

جانے والے سے یہ پوچھو کہ وہ کیا چھوڑ گیا
کچھ امانت سی مرے دل میں دھری کیسی ہے

کیا قیامت ہے ترے غم کی نگہداری بھی
لوگ کیا جانیں مری خود نگری کیسی ہے

اِک بیاباں کوئی قدموں میں بچھا جاتا ہے
ہم سفر کوئی نہیں ہمسفری کیسی ہے

سوزنِ اشک سے سِیتا ہوں گریبانِ نشاط
یہ جُنوں کیسا ہے یہ بخیہ گری کیسی ہے

کیا یہ دُنیا مرے ہاتھوں سے نکل جائیگی
دستِ کوتاہ تری بے خبری کیسی ہے

اُس رہزن کی طرح میرے تعاقب میں ہے شاذؔ
کیا خبر اُس کو یہ بے بال و پری کیسی ہے!

نہ رونا تھا نہ ہنسنا پھر بھی نم دیدہ رہے برسوں
ترے غم کا تقاضا تھا کہ سنجیدہ رہے برسوں

طلسمِ خوابِ رنگیں دوسری کروٹ بدلنا تھا
یہ کیا ہم ایک ہی پہلو سے خوابیدہ رہے برسوں

اُسے فرصت کہاں دی عشق نے گیسو بنانے کی
پریشاں حالیوں پر اُس کی گرویدہ رہے برسوں

ہماری آرزو کیا تھی سکوتِ سنگ تھا گویا
ہزاروں حرفِ سادہ ناتراشیدہ رہے برسوں

ہمیں کیا ہو گیا تھا روز و شب سے کھنچ کے ملتے تھے
کہیں کیا شاذؔ اب کس کس سے رنجیدہ رہے برسوں

○

وہ وقت ہے مجھ پر جو کسی پر نہیں آیا
اللہ کہاں ہے وہ پلٹ کر نہیں آیا

چُپ چاپ کھڑا تھا درِ مجبُوری پہ کوئی
تُو پر وہ مجبوری سے باھر نہیں آیا

دُنیا نے مجھے پُشت سے دیکھا تو گِلہ کیا
مَیں آئینہ تھا میرا سکندر نہیں آیا

اپنے سے شکایت تھی زمانے سے گِلہ تھا
جینے کا سلیقہ مجھے اکثر نہیں آیا

تعبیر تھی ہر بار مرے سامنے آئی
اِک خواب تھا آنکھوں میں مکرّر نہیں آیا

کیا منظرِ رخصت کا دُھواں ہے کہ ابھی تک
آنکھوں میں کوئی دوسرا منظر نہیں آیا

اے چشمۂ خورشیدِ تمنّا ترے صدقے
کیوں شام ڈھلے شاذ ابھی گھر نہیں آیا

○

کسی کا درد امانت ہے میرے سینے میں
کہ جیسے وُسعتِ دریا ملے سفینے میں

خبر نہیں کہ مرے شعر کیا ہُرا فن کیا
اِک آگ ہے کہ جو ڈھلتی ہے آبگینے میں

برس تمام ہُوا اور عمر باقی ہے
جُدا ہوئے تھے وہ مجھ سے اِسی مہینے میں

مجھے یہ ڈر کہ تری یاد ہچکیاں نہ بنے
کچھ اور عذر نہیں ہے شراب پینے میں

ترے خیال سے رگ رگ دُکھی ہوئی ہے مری
عجب طرح کی کمی رہ گئی ہے جینے میں

مرا یہ حال ترا ذکر سُن کے یُوں چُپ ہُوں
شعاع دفن ہو جیسے کسی نگینے میں

تمام غم ہُوں مجھے شاذ سہل مت جانو
گئی اِک عمر مری ضبط کے قرینے میں

○

عمر بھر حسرتِ تعمیرِ نشیمن میں رہوں
مَیں جہاں جاؤں ترے درد کی الجھن میں رہوں

مَیں تو آنسو ہوں مرے بخت کا کیا کہنا ہے
تیری آنکھوں میں رہوں یا ترے دامن میں رہوں

کیا ہوئی تیری دُعائے سحر و شام کہ مَیں
روزِ روشن کی طرح زُلفِ شب افگن میں رہوں

تُو خدا ہے مرے حق میں تو مجھے آس بہت
مَیں اسی آگ کے اِسی وادیٔ ایمن میں رہوں

سر بہ سجدہ ہی کٹے زیرِ کمانِ ابرو
ڈور کی طرح تری سانس کی سمرن میں رہوں

تیز ہے بادِ مخالف مرے گلشن سے نہ جا
کہ اگر شاخ سے ٹوٹوں ترے دامن میں رہوں

دل تو سینہ میں وہی ہے تری یادوں کا حرم
مَیں بیاباں میں رہوں شاذ کہ مدفن میں رہوں

○

تُو نے مجھے غم بخشا کیا فکرِ طرب کوشی
کس دل سے کرے کوئی احسان فراموشی

نیندوں کے شبستاں میں کچھ خواب تھے آسُودہ
خوابوں کے سرہانے تھی شمعوں کی سِیہ پوشی

ہم شہرِ تمنّا کے دروازہ سے لَوٹ آئے
اللہ رے سنّاٹا، اللہ ری خاموشی

وہ کیا مری خواہش تھی، سب تیری نوازش تھی
تقدیر کی سازش تھی، اُمید کی سرگوشی

وہ تو تری صورت تھی ہر ایک سے قربت تھی
اب دیکھئے ہوتی ہے کس کس سے سبکدوشی

ہیں کس کا مقدر ہم، رہزن ہیں کہ رہبر ہم
رک جائیں تو پتھر ہم، اے وحشتِ فراموشی

محفل میں چھپا دینا، ہر شمع بجھا دینا
اے راحتِ گمنامی، اے خواہشِ روپوشی

ہر جام سم آگیں پر رک جاتی ہے سانس اکثر
تنہائی کا مے خانہ اور اپنی بلانوشی

ہستی کی یہ موج اپنی، ہے شاذ بھنور، ورنہ
ہر موج کی قسمت ہے ساحل سے ہم آغوشی

○

دلِ برباد کی رُوداد سُنائے نہ بنے
دَرد خوشبُو ہے چھپائیں تو چھپائے نہ بنے
زندگی ضبط کی تاکید ہوئی جاتی ہے
گھر وہ صحرا ہے جہاں خاک اُڑائے نہ بنے
وہ اُجالے مِری صُبحوں کے اُجالے نہ ہوئے
تیری جُھکتی ہوئی پلکوں کے جو سائے نہ بنے
عمر گذری ہے مگر اب بھی یہ مجبُوری ہے
یاد آئیں تو اُنھیں دِل سے بھُلائے نہ بنے
ایک تعمیر ادھوری ہے ادھوری ہی سہی
تُونے کیا قصر بنایا ہے کہ ڈھائے نہ بنے
آرزُو کا شجرِ سایہ فگن ہے سر سبز
مگر اِک شاخ جھُکائیں تو جھُکائے نہ بنے
نہ ہوئے شاذؔ کسی طرح وہ میرے نہ ہوئے
مُدّتیں گذریں مگر اب بھی پرائے نہ بنے

دیکھو تو اُدھر جاتے ہیں، معلوم نہیں کیوں
دیوانے ہیں گھر جاتے ہیں، معلوم نہیں کیوں

کچھ لوگ جنھیں بھول کے ہم خوش نہیں ہوتے
کچھ زخم ہیں بھر جاتے ہیں، معلوم نہیں کیوں

کچھ رات گئے ہوتی ہے آہٹ درِ دل پر
کچھ پھول بکھر جاتے ہیں، معلوم نہیں کیوں

کیوں آکے ٹھہرتے ہیں یہاں بُت کدہ والے
روتے ہیں، گزر جاتے ہیں، معلوم نہیں کیوں

مت پوچھ نقابوں سے تو یاری ہے ہماری
ہم چہروں سے ڈر جاتے ہیں، معلوم نہیں کیوں

ہر صُبح تجھے جی سے بھلانے کا ہے وعدہ
ہر شام مُکر جاتے ہیں، معلوم نہیں کیوں

جو بانٹتے پھرتے ہیں حیاتِ اَبدی شاذؔ
وہ لوگ بھی مر جاتے ہیں، معلوم نہیں کیوں

○

چھوڑ دوں شہر ترا، چھوڑ دوں دُنیا تیری
مجھ کو معلوم نہ تھا، کیا ہے تمنّا تیری

میں اندھیرے میں نہیں، دِن کے اُجالے میں لُٹا
اب کسے ڈھونڈے ہے شمعِ رُخِ زیبا تیری

جب کوئی پاسِ مروّت سے کرم کرتا ہے
یاد آتی ہے بہت رنجشِ بے جا تیری

پے بہ پے ساتھ چھُٹا جاتا ہے اِک دُنیا کا
دَم بہ دَم یاد چلی آتی ہے گویا تیری

دامن و دستِ رسا، بات خدا ساز تو ہے
نارسائی بھی مشیّت ہے خدایا تیری

مُنہدم ہو گئی دیوارِ دلِ دیوانہ
میری قسمت میں تھی تصویرِ شکستہ تیری

تار تارِ نفسِ جاں میں ترا نغمہ ہے
پیرہن میں ہے ابھی بُوئے شناسا تیری

غزلِ شاذؔ ہے صدقہ تری رعنائی کا
رگِ ہر شعر میں ہے موجِ سَراپا تیری

یہی سفر کی تمنّا، یہی تھکن کی پُکار
کھڑے ہوئے ہیں بہت دُور تک گھنے اَشجار

ز فرق تا بقدم رُوپ رنگ کی جھنکار
تمام مہر و محبت تمام بوس و کنار

نہیں یہ فکر کہ سر پھوڑنے کہاں جائیں
بہت بلند ہے اپنے وجود کی دیوار

دراز قد بہ اَدائے خرام کیا کہنا
تمام اہلِ جہاں کے لئے ہے درسِ وقار

بدلتی رُت ہے رگِ سبزہ میں نمُو کم کم
کلی کلی پہ ترا نام لکھ رہی ہے بہار

شکستہ بُت ہیں جبیں زخم زخم بُت گر کی
سرہانے تیشہ کے لرزیدہ ہے کوئی جھنکار

دکھائی دے تو وہ بس خواب میں دکھائی دے
برا یہ حال کہ مَیں مُدّتوں سے ہوں بیدار

وہ لوگ جو تجھے ہر روز دیکھتے ہوں گے
اُنھیں خبر نہیں کیا شَے ہے حسرتِ دیدار

یہ دَور وہ ہے کہ سب نیم جاں نظر آئے
کہ رقص میں ہے اناڑی کے ہاتھ میں تلوار

طرح طرح سے کوئی نام شاؔذ لکھتا تھا
ہتھیلیوں پہ حنائی حروف تھے گُل کار

○

شب و روز جیسے ٹھہر گئے کوئی ناز ہے نہ نیاز ہے
ترے ہجر میں یہ پتہ چلا مری عمر کتنی دراز ہے

یہ جہاں ہے محبسِ بے اماں کوئی سانس لے تو بھلا کہاں
ترا حُسن آگیا درمیاں یہی زندگی کا جواز ہے

ہو بدن کے لوچ کا کیا بیاں، کسی نَے کی موج ہے پرفشاں
کوئی لَے ہے زیرِ قبا نہاں، کوئی شئے بصورتِ راز ہے

ترے غم سے دل پھر امیر ہو، کوئی چاند نکلے سفیر ہو
شبِ دشتِ ہُو ہے یہ زندگی نہ نشیب ہے نہ فراز ہے

چلے طائر اُڑ کے پسِ شفق ہے اُداس اُداس رُخِ اُفق
کہ بیاضِ شام کا ہر ورق تری داستانِ دراز ہے

اگر احتیاطِ خطاب ہو لبِ سنگ کھل کے گلاب ہو
تو کسی صنم کو صدا تو دے، درِ بُت کدہ ابھی باز ہے

وہی رُوپ ساغرِ جم میں بھی، وہی عکس دیدۂ نم میں بھی
مرے واسطے تو حرم میں بھی وہی شاذ رُوئے مجاز ہے

کُھلے تو کیسے کُھلے زادِ راہِ بے وطنی،
مجھے خبر نہیں کس پیڑ کی ہے چھاؤں گھنی

رَواں ہے چاند سُبک بادلوں میں یُوں جیسے
کہیں کہیں سے مَسک جائے تنگ پیرہنی

مچی ہوئی ہے تری دُھوم آسمانوں میں،
مگر زمیں ہے ابھی تک مقامِ سُوئے ظنی

کدھر جُھکے گی یہ میزانِ گُفتگو تیری
مجھے پناہ دے اے وقفہ ہائے کم سُخنی

یونہی اُٹھائے کسی سے اُٹھا ہے پردۂ سنگ،
کہ سیکھتا ہے صنم ساز پہلے خود شکنی

ہمارے ساتھ تو حالات نے مذاق کیا
ہمیں تو شہر میں سونپی گئی ہے کوہ کَنی

سلونی سانولی چھب تھی کہ مَر مِٹا تھا شاذؔ
وہ بول چال گھریلو وہ لہجۂ دکھنی

○

ہَوا کے دوش پہ رقصِ سحاب جیسا تھا
ترا وجود حقیقت میں خواب جیسا تھا

دمِ وداع سمندر بچھا رہا تھا کوئی
تمام شہر ہی چشمِ پُرآب جیسا تھا

مری نگاہ میں رنگوں کی دُھوپ چھاؤں سی تھی
ہجومِ گُل میں وہ کیا تھا گُلاب جیسا تھا

ہماری پیاس نے وہ بھی نظارہ دیکھ لیا
رَواں دَواں کوئی دریا سَراب جیسا تھا

جھکی نگاہ، وہ کم کم سخن، دمِ اقرار
وہ حرف حرف ترا انتخاب جیسا تھا

مجھے تو سیرِ جہاں سیرِ بازگشت ہوئی
ترا جہاں دلِ خانہ خراب جیسا تھا

شکستہ خوابوں کے ٹکڑوں کو جوڑتے تھے ہم
وہ دن عجیب تھا روزِ حساب جیسا تھا

ہمیں برتنے میں کچھ احتیاط لازم تھی
دلوں کا حال شکستہ کتاب جیسا تھا

مَیں شاذ کیا کہوں کیا روشنی تھی راہوں میں
وہ آفتاب نہ تھا آفتاب جیسا تھا

ستاروں کو شبِ غم آبدیدہ چھوڑ آئے ہیں
ہم اپنا ذکر دانستہ ادھورا چھوڑ آئے ہیں

وہ پھولوں میں گھرا نیلا دریچہ نیم وا کیوں تھا
کن افسردہ نگاہوں کا تقاضا چھوڑ آئے ہیں

دروں بینیٔ چشمِ معتبر کی آزمائش ہے
رُخِ مضموں پہ ہم لفظوں کا پردہ چھوڑ آئے ہیں

کچھ اُن سے پوچھیئے کیا چیز ہے محفل کا سناٹا
جو اپنی خلوتوں کا عیشِ تنہا چھوڑ آئے ہیں

نہ روکو اے وطن والو کہ دم بھر کو چلے آئے
ہم اپنی شامِ غربت کو اکیلا چھوڑ آئے ہیں

بیاضِ یادِ رفتہ کے ورق گم کر دیئے ہم نے
صنم خانہ کو یوں چہرہ بہ چہرہ چھوڑ آئے ہیں

حسابِ روز و شب میں ایک لمحہ کا خسارہ ہے
خدا جانے کہاں وہ ایک لمحہ چھوڑ آئے ہیں

یہی ہیں شاذؔ جو اے کوفۂ پونہ تری خاطر*
صنم آباد تھے جس میں وہ کعبہ چھوڑ آئے ہیں

---

*پونہ کے دورانِ قیام میں کہی گئی۔

کوئی تنہائی کا احساس دلاتا ہے مجھے
میں بہت دور ہوں نزدیک بلاتا ہے مجھے

میں نے محسوس کیا شہر کے ہنگامے میں
کوئی صحرا میں ہے، صحرا میں بلاتا ہے مجھے

تو کہاں ہے کہ تری زلف کا سایہ سایہ
ہر گھنی چھاؤں میں لے جا کے بٹھاتا ہے مجھے

اے مرے حالِ پریشاں کے نگہدار یہ کیا
کس قدر دور سے آئینہ دکھاتا ہے مجھے

اے مکینِ دل و جاں، میں ترا سناٹا ہوں
میں عمارت ہوں تری کس لئے ڈھاتا ہے مجھے

رحم کر، میں تری مژگاں پہ ہوں آنسو کی طرح
کس قیامت کی بلندی سے گراتا ہے مجھے

شاذ اب کون سی تحریر کو تقدیر کہوں
کوئی لکھتا ہے مجھے کوئی مٹاتا ہے مجھے

تیرے ہمراہ یقیں کیا ہے، توہّم بھی گیا
میرے آنسو بھی گئے میرا تبسّم بھی گیا

پہلے غم میں بھی تھا اِک شائبۂ رنگِ نشاط
اب تو فریاد سے احساسِ ترنّم بھی گیا

میری آنکھوں میں تلاطم نہ سہی پند گرو
ہائے کیا کانوں سے وہ شورِ تلاطم بھی گیا

پیچ و خم کچھ بھی نہیں جادۂ نومیدی میں
شادی و رنج کا اب خوفِ تصادُم بھی گیا

ہمیں برباد ہوئے ایک زمانہ گذرا
اب تو دُنیا کی نگاہوں سے ترحّم بھی گیا

ہم سفر پُوچھ رہے ہیں مرے لُٹنے کا سبب
اُن سے کیا کہتا کہ سامانِ تکلّم بھی گیا

میکدہ کے در و دیوار سے مِل کر رُوئیں
شاذ ساقی بھی گیا، مے بھی گئی، خُم بھی گیا

خوابِ تیشہ کسی اعجاز میں کس طرح ڈھلے
دستِ فرہاد دھرا ہے ابھی پتھّر کے تلے

روک لے کوئی کہ آگے تو اندھیرا ہے بہت
طائرِ دشت پسِ شام کہاں لوٹ چلے

نقش وہ ہے کہ لکیروں سے شعاعیں پھوٹیں
عکس وہ ہے کہ جو آئینہ در آئینہ چلے

پھر کوئی آئے جسے ٹوٹ کے چاہا جائے
ہمیں اک عمر ہوئی ہے کفِ افسوس ملے

کون راحت ہمیں ملتی تھی وطن میں پھر بھی
لوگ بھولے نہیں جاتے وہ بُرے ہوں کہ بھلے

ہم ہوئے زیست ہوئی دونوں برابر کے حریف
معرکے ٹھہرے مگر تیرے تبسّم سے ٹلے

ہائے وہ روشنیٔ طبع کے مارے ہوئے لوگ
کس تکلّف سے زمانے ترے ہمراہ چلے

مہر جب تک نہ ہتھیلی سے اُگایا جائے
کارِ امروز چلے اور چلے اور چلے

شاذ تنہائی کے صحرا کا سفر ہے درپیش
درو دیوار جو ہوتے تو لگا لیتے گلے

○

پیاسا ہُوں ریگ زار میں دریا دکھائی دے
جو حال پُوچھ لے وہ مسیحا دکھائی دے

ہر تازہ واردِ خمِ گیسو کو دیکھ کر
مجھ کو پھر اپنا عہدِ تمنّا دکھائی دے

قُربت کی آنچ آئی کہ جلنے لگا بدن
دُوری کا درد آج چمکتا دکھائی دے

لہجے کے لوچ میں ہے گُناہوں کی دلکشی
آنکھوں میں معبدوں کا سویرا دکھائی دے

چُبھتے ہوئے لباس کا چھنتا ہُوا جمال
بُت گر نقابِ سنگ اُلٹتا دکھائی دے

پڑتی ہے سات رنگوں کی تیرے بدن پہ چھُوٹ
جو رنگ تُو پہن لے وہ گہرا دکھائی دے

خلوت کی انجمن ہے وفاؤں کا سلسلہ
کیا ذکرِ عشق حُسن بھی تنہا دکھائی دے

کیا کیا حقیقتوں پہ ہیں پردے پڑے ہوئے
تُو ہے کسی کا اور کسی کا دکھائی دے

اس آس نے تو اپنا سفینہ ڈُبو دیا
طُوفاں تھمے تو کوئی جزیرہ دکھائی دے

ہر شخص آپ اپنے تعاقب میں ہے رَواں
عالَم تمام ایک تماشہ دکھائی دے

دریا پہ آنسوؤں کے تجھے ڈھونڈھتا ہوں مَیں
پانی پہ تیرا نقشِ کفِ پا دکھائی دے

آؤ کہ دیکھ آئیں فراموشیوں کا شہر
ممکن ہے کوئی اپنا پرایا دکھائی دے

مخدوم و جامی آہ کہاں کھو کے رہ گئے
ارضِ دکن میں شاذ اکیلا دکھائی دے

فسانے لوگ بہت دِل پذیر کہتے ہیں
وہ جُوئے خُوں تھی جسے جُوئے شِیر کہتے ہیں

خدا نہیں ہے تو کیا ہے ہمارے سینوں میں
وہ اِک کھٹک سی جسے ہم ضمیر کہتے ہیں

محاوراتِ جُنوں پر نہ جا، ہماری طرف
غریبِ شہرِ وفا کو امیر کہتے ہیں

وہ ایک سایہ، سرِ راہ، اپنے پیکر کو
ہر اِک سے پُوچھتا ہے راہگیر کہتے ہیں

شگفتِ گُل ہو کہ بارانِ اوّلیں کی مہک
پیامِ دوست بہ دستِ سفیر کہتے ہیں

ہمارے دُکھ کو عزیزو بھلا سا نام تو دو
ہمیں جو دُکھ ہے اُسے ناگُزیر کہتے ہیں

وہ کب کا ڈُوبا ہے لیکن ندی کے پانی پر
کِھنچی ہوئی ہے ابھی تک لکیر کہتے ہیں

اُدھر ہے چاند اِدھر رُت جگوں کی دُھوم ہے شاذؔ
کرن کرن کو سوئمبر کا تیر کہتے ہیں

○

یہ غزل کا فن یہ ہُنر وری، یہ خیال و خواب کی بُت گری
فقط ایک شخص کی دین ہے، کوئی حُور ہے نہ کوئی پَری
پھر اُداس ہو گئی چاندنی، کسی دُھن میں کھو گئی چاندنی
کہ سکوتِ نیم شبی میں ہے کوئی لَے چھُپی ہُوئی دُکھ بھری
وہ شگفتگیٔ لب و دَہن وہ قرار و وعدہ سُخن سُخن،
ہمہ انکارئ جان و تن تو کہاں ہے خاتمِ دلبری
ترا حُسن دیدنی ہے وہاں، ہوں پَری رُخوں کے پَرے جہاں،
وہ ہجومِ دیدۂ آہُواں، وہ تری نگاہ کی بَرتری
مجھے خاک کر گئیں دُوریاں، مِرے شعر و فن ہیں دُھواں دُھواں
مَیں ہُوں اُس مقام پہ اب جہاں مجھے دے نوید پیمبری
تہی جیب کوئی نہ بھر سکا، نہ اِدھر سے کوئی گُذر سکا
ترا حُسن خود بھی نہ کر سکا، مِری آرزُو کی برابری
نہ بُھلائے شاذؔ کو بے سبب کہ قریب تر ہے وہ وقت اب
ترے دِل سے محو ہوں سب کے سب مہ و سالِ صحبتِ دلبری

○

سینہ پہ ہم نے رکھ لیا پتھّر کسی طرح
آخر بھلا دیا اُسے رو کر کسی طرح

ایسا کہاں ہے دشت کہ دیوار و در بھی ہو
چاہا ہزار چھُٹ نہ سکا گھر کسی طرح

کوشش یہی رہی ہے مسرّت کے باب میں
آجائے تیرے غم کے برابر کسی طرح

اب یہ یقیں بھی وہم و گُماں تک پہنچ گیا
مَیں خود اسے مناؤں گا مل کر کسی طرح

پردے کھنچے ہوئے ہیں شبستانِ ذات میں
کچھ نور چھَن ہی آتا ہے باہر کسی طرح

کیا آگ تھی کہ بجھ نہ سکی تا بہ قلب و جاں
کیا بوجھ تھا کہ اُٹھ نہ سکا سر کسی طرح

یاد اُس کی شاذؔ دل سے بھلاتے تو ہو مگر
صحرا نہ بن سکے گا سمندر کسی طرح

○

دُور تک ایک دُھندلکے کا سماں چھایا ہے
دشت کیا ہے مری آواز کا سنّاٹا ہے

مَیں نے فطرت کو زسرتابقدم دیکھا ہے
پھول ٹُوٹا ہے تو مہتاب بھی گہنایا ہے

خشک پتّوں کی صدا مرثیۂ موسمِ گُل
لُو کا جھونکا کسی پُروائی کا خمیازہ ہے

ایک بے نام سی خواہش ہے کہ موہوم سی آس
زندگی جیسے کوئی وعدۂ خودساختہ ہے

یہ ترا تارِ قبا تارِ رگِ جاں جیسے
راگ اور آگ کا سنگم ترا پہناوا ہے

کہہ دو رُوٹھی ہوئی خوشبو سے کہ اب لوٹ چلے
طاقِ گُل میں ابھی جگنو کا دیا جلتا ہے

مَیں سرِ صحنِ شفق ہوں کہ یقیں ہے مجھ کو
ایک بھٹکی ہوئی تتلی کا یہی رستہ ہے

کیا قیامت ہے مجھے حوصلۂ ضبط ہے شاذؔ
کیا غضب ہے کہ ترے درد کا اندازہ ہے!

○

تُو کیا لگے ہے مجھے، کیوں بھلا لگے ہے مجھے
مَیں رُو برو ہُوں کہ تُو آئینہ لگے ہے مجھے

گھٹائیں آنے لگیں، دُوریوں کے جنگل سے
گھنیری شام ہے ٹھنڈی ہَوا لگے ہے مجھے

اُتر چلی ہے رگ و پَے میں منزلوں کی تھکن،
ہر ایک پیڑ کا سایہ گھنا لگے ہے مجھے

نفس جرس ہے، نظر رہنما، قدم منزل
اکیلا شخص بھی اک قافلہ لگے ہے مجھے

نذرِ جاں نثار اختر

یہی تو ہے جسے سجدہ کیا ملائک نے
کوئی یہ بات کہے تو حیا لگے ہے مجھے

بُرائیاں تری دیکھی نہیں ہیں دُنیا نے
ترے مزاج کا یہ رُخ بھلا لگے ہے مجھے

بجز اعادۂ پیہم وفا کچھ اور نہیں
کہ ہر سخن ترے مُنہ سے نیا لگے ہے مجھے

چھڑا ہُوا ہے کوئی راگ زیرِ پیراہن
تمام سازِ بدن گُونجتا لگے ہے مجھے

گریباں گیر ہے ہر لفظ سے معانی شاذؔ
مَیں شُکر کرتا ہوں لیکن گِلہ لگے ہے مجھے

دھوپ بھی چاندنی ہے سایۂ اشجار سے دیکھ
کوئی بازار بھی چشمِ خریدار سے دیکھ

دائرے، قوسیں، خطِ رنگ، بیاضِ دل پر
روز اِک عالمِ نو ہے تری رفتار سے دیکھ

جاگتے سوتے جزیروں کے دُھندلکے ہیں بُلا
پھر اُسی طرح مجھے پردۂ انکار سے دیکھ

پھر سزاوار ہے تجھ کو مرے ہر عیب سے پیار
پہلے تُو میرا ہُنر دیدۂ اغیار سے دیکھ

مَیں کہ پتھر بھی تعبیرِ صنم خانہ ہُوں
تُو مرا شعلۂ جاں تیشہ کی جھنکار سے دیکھ

زد میں آتے رہے تیرے شہ و فرزیں کیا کیا
اپنی جیتی ہوئی بازی کو مری ہار سے دیکھ

شاذؔ سُورج بھی تماشائی ہُوا آج کے دِن
رخصتِ سایۂ دیوار ہے، دیوار سے دیکھ